La culture générale

Améliorez Vos Connaissances et Impressionnez Les Autres dans Chaque Conversation. Histoire, Science, Économie, Art, Politique et Bien Plus Encore... Avec Plein de Quizz !

Antoine Larue

Sommaire

Introduction

De nos jours, nous vivons constamment avec notre téléphone mobile. Nous en perdons de plus en plus l'habitude de lire un bon livre ou de regarder un bon film d'auteur.

Il n'y a qu'à observer autour de nous, dans les restaurants, par exemple. Lorsqu'un bébé pleure, quelqu'un lui donne systématiquement un téléphone portable avec une vidéo pour qu'il se calme.

J'ai, quant à moi, appris à lire très jeune et... avec des livres. De plus, les informations que nous lisons sur téléphone mobile ne sont pas toujours vraies, il faut constamment faire la chasse aux « fake news ». De surcroît, les fautes d'orthographe pullulent et connaître l'Histoire qui nous précède ne semble plus si important. Il y a une véritable perte de savoir, et ce n'est pas totalement notre faute.

Cependant, vous devez savoir que la connaissance sera l'une des clés qui toutes, vous aideront à accéder à la profession de vos rêves, ou à impressionner la personne dont vous êtes amoureux. En ayant plus de culture, vous allez acquérir davantage d'ouverture d'esprit, ce qui est assez important dans le cadre de toute relation interpersonnelle.

La lecture de ce livre vous donnera une profonde compréhension de ce qu'est la culture générale et vous aidera à en apprendre plus sur les sujets courants de société. La culture générale est en effet un critère essentiel pour une bonne compréhension des événements qui se déroulent dans le monde. En accroissant votre culture générale, vous vous sentirez mieux et cela vous aidera à être davantage conscient de tout ce qui se passe.

Vous serez à même d'intervenir durant les débats de la vie quotidienne, d'ajouter votre grain de sel et de faire entendre votre opinion, tout en écoutant celle des autres. La culture générale est une exigence étroitement liée à chaque élément de la vie professionnelle et privée.

Lorsque vous êtes conscient de ce qui s'est passé dans l'Histoire, vous pouvez mieux enseigner à votre famille et à vos enfants les actes et les questionnements qui régissent le monde. Vous avez plus de chances de pouvoir apprendre et d'encore mieux comprendre la vie.

La culture générale peut vous apporter beaucoup de bonnes choses, bien au-delà de ses frontières culturelles. Même si vous ne vous percevez que peu intelligent, personne n'a besoin de connaître votre état d'esprit. Savoir et intelligence ont toujours fait bon ménage et élargir votre culture générale vous permet d'apprendre à… apprendre et à analyser !

Vous allez découvrir ici plusieurs faits que vous pourrez utiliser pour briller en société. Il n'est, en effet, jamais trop tard pour découvrir. Même si vous n'étiez pas fort à l'école, il est encore temps d'élargir vos connaissances et de devenir encore plus intelligent que vous ne l'étiez hier.

Le moment est venu.

Tout commence par la culture générale ! Tout comme ce livre a été écrit pour vous aider ! Je vous fais confiance, et bientôt, vous pourrez partager vos nouvelles connaissances.

Chapitre 1

La culture générale en bref

Dans ce premier chapitre, nous verrons comment il est possible d'améliorer votre culture générale facilement, sans pour autant s'inscrire dans la première université du coin, par peur de mourir idiot. En effet, je connais moi-même, dans mon entourage, des personnes qui se sentent incultes. Certaines pensent avoir raté leur vie, car elles ne savent toujours pas si c'est la Terre ou le Soleil qui tourne autour de l'autre. Sachez dans un premier temps que tout s'apprend. Et quelques gestes anodins peuvent améliorer grandement votre culture générale.

La lecture

Une des phrases clé qui m'ont été enseignées, lorsque j'étais à l'école primaire, était... « Un livre par jour vous donnera de la culture pour toujours. » C'était ma professeure de français qui nous avait donné ce conseil. En effet, la lecture est un fabuleux moyen de s'instruire, d'apprendre, ainsi que d'améliorer son orthographe. Je vous recommande donc vivement d'être curieux et de vous intéresser à une grande variété de sujets. Il existe différentes manières de développer votre culture par la lecture. Lire, par exemple, le journal quotidien local ou des articles publiés dans des magazines indépendants. Un des avantages de la lecture est notamment la mémorisation. En effet, plus vous lisez, plus vous aurez la capacité de mémoriser et d'enregistrer des informations.

Une des solutions pour pérenniser votre culture générale est d'échanger sur un sujet précis et d'exprimer vos idées avec d'autres personnes. Outre le fait d'avoir des opinions différentes, d'apprendre à écouter les autres et à respecter leurs goûts, ces échanges permettent également d'ancrer les informations dans votre mémoire.

Vous pouvez aussi vous intéresser à la presse internationale. « Courrier international » est un hebdomadaire en français qui es articles de presse étrangère. Cela m'est arrivé, ,reuses reprises, d'être invité à dîner et de rebondir .lité des pays d'origine des autres invités. Le fait de er à ce qui se passe au-delà de vos frontières vous don,,ι.. un œil avisé sur les différents enjeux auxquels notre monde doit faire face. Si vous souhaitez placer la barre un peu plus haut, n'hésitez pas à lire des journaux dans d'autres langues.

Internet est votre meilleur ami

Les « fake news », plus communément appelées « fausses informations » en français, n'ont jamais eu autant le vent en poupe que lorsqu'un certain Donald Trump aspirait à devenir président des États-Unis. Il avait pris pour habitude de pointer du doigt un certain nombre de publications qui diffusaient de l'information. Que cette information soit vraie ou fausse... l'Histoire nous le dira. Cependant, c'est à cette époque que les « fake news » ont particulièrement fleuri comme pâquerettes au printemps. Cependant, même si sur Internet, il est devenu commun de lire tout et son contraire, vous y trouverez également une mine d'or d'informations, susceptibles d'améliorer grandement votre culture générale.

• **Regarder des vidéos YouTube** : comment améliorer votre culture générale sans efforts ? La réponse est YouTube ! Il existe aujourd'hui des dizaines de milliers de vidéos sur cette plateforme, qui permettent de se cultiver en quelques minutes seulement. Vous pouvez vous tourner par exemple vers des Youtubeurs qui en ont fait leur métier. Doc Seven, Dirtybiology, Poisson Fécond, Micmaths, , Dr Nozman ... Sciences, musique, géographie, maths, histoire, etc. Tous les domaines sont abordés !

• **Les MOOC**, Massive Open Online Course, ce sont des cours en ligne qui permettent d'apprendre à son rythme, partout, tout le temps. Souvent, il s'agit d'enseignants, d'établissements ou d'universités prestigieuses qui proposent des mini-formations gratuites. Les sites de MOOC les plus connus sont OpenClassrooms et edX.org, qui proposent des cours pour étudier comment coder, maîtriser le Pack Office ou encore les logiciels Adobe. Un grand nombre de ces MOOC sont gratuits, en vous inscrivant avec une adresse e-mail. Mais il est tout à fait possible d'utiliser les MOOC pour votre culture personnelle ! Il existe des cours sur l'histoire de la religion ou sur les techniques culinaires. À vous d'opter pour les sujets qui vous intéressent.

● **Suivre des comptes spécialisés sur les réseaux sociaux :** les Français passent en moyenne 2 heures 30 par jour sur les réseaux sociaux. De nos jours, ceux-ci servent à se détendre et à discuter avec ses amis. Pourquoi ne pas les utiliser et mettre à votre profit ce temps pour vous cultiver ? Vous pouvez vous abonner à des comptes Twitter et Instagram tels que celui de « Instants Cult' »qui est un compte qui décrypte chaque semaine films et séries. Vous pouvez retrouver des vidéos, des photos, quiz et assimiler des connaissances sur la pop culture sans même vous en rendre compte !

Sortir

Je ne vous parle pas ici de sortir pour une énième visite des bars de votre ville, mais plutôt de sortir et d'assister à des événements auxquels vous ne pensez pas habituellement. Au début de cette année, j'ai assisté à une pièce de théâtre et... pour la toute première fois de ma vie ! La pièce était un long monologue et l'ambiance me paraissait étrange. Pourtant, cela m'a ouvert l'esprit. Cela m'a indiqué clairement que faire l'effort d'assister à quelque chose pour lequel je n'avais pas forcément d'atome crochu, permet d'ouvrir le regard sur le monde et de développer un sens critique aigu.

Dans ce chapitre, nous avons donc vu différentes manières d'améliorer sa culture générale de façon simple. La constance sera votre meilleure amie. Si vous choisissez d'étudier quinze minutes par jour une langue étrangère, vous aurez plus de chances de succès que si vous lisez les cinquante premières pages du dictionnaire d'allemand, en une seule fois, et que vous décidez d'abandonner par découragement.

Chapitre 2

L'astronomie

Dans ce chapitre, nous nous pencherons sur les différents domaines de l'astronomie. Nous nous intéresserons dans un premier temps au Big Bang et à la formation de l'Univers. Puis, nous verrons de plus près quels sont les éléments qui constituent ce dernier. La Terre, la Lune et le Soleil seront quelques-uns de nos sujets. Qu'en est-il des météorites, du système solaire et de la Voie lactée ? Nous parlerons finalement d'Andromède, nous qualifierons les différents types d'étoiles, les trous noirs, ainsi que les fameuses nébuleuses.

Le Big Bang

La théorie du Big Bang suppose que l'Univers a évolué au cours des quatorze derniers milliards d'années à partir d'un état extrêmement chaud et particulièrement dense. En effet, il y a des milliards d'années, le cosmos se serait créé en un instant à partir de ce phénomène nommé Big Bang. Avant cela, il n'y avait rien : c'est la théorie commune de la physique moderne. C'est un prêtre catholique qui posa les bases de la théorie du Big Bang. Ce prêtre, jésuite et astrophysicien belge, Georges Lemaître, né en 1894, décédé en 1966, fit une découverte majeure. En 1927, Georges Lemaître publie son étude sur l'expansion de l'Univers, deux ans avant l'astronome américain Edwin Hubble, alors que nous attribuons aujourd'hui la théorie du Big Bang à Hubble.

En français, Big Bang signifie « grand boum ». C'est une théorie scientifique en partie confirmée par certaines observations astronomiques. Si nous savons que l'Univers était initialement chaud et très dense, la théorie ne dit en revanche pas ce qui est à l'origine du Big Bang.

L'instant du Big Bang marque le début de la dilatation et de l'expansion de l'Univers. Et bien que son nom puisse nous induire en erreur quant à son origine, il n'est pas issu d'une explosion. C'est la totalité de l'espace qui se dilate, et il n'est pas contenu dans un autre espace plus grand. Mais un chercheur finlandais affirme maintenant qu'il existe quelque chose de bien plus ancien que l'Univers lui-même, il s'agit de la matière noire.

Le physicien et présentateur de télévision américain Neil deGrasse Tyson a d'ailleurs demandé, lors de son talk-show StarTalk, ce qu'il y avait avant le Big Bang, il y a environ 13,8 milliards d'années. Et cette question, il ne l'a pas posée à n'importe qui, puisqu'elle s'adressait directement à son illustre invité, Stephen Hawking. Hawking a alors répondu qu'il n'y avait « rien avant le Big Bang ». Mais la question de ce qu'il y avait avant la naissance de l'Univers n'est pas, sous cette forme, pertinente. Tommi Tenkanen de l'université Johns Hopkins à Baltimore, dans le Maryland aux USA, a proposé une théorie audacieuse qui bouleverse nos idées sur la façon dont le monde a commencé. Sa thèse soutient que la mystérieuse matière noire pourrait être plus ancienne que le cosmos lui-même. Le physicien finlandais a publié son étude dans le dernier numéro de la revue Physical Review Letters. Selon lui, « la matière noire aurait peut-être précédé le Big Bang ».

À ce jour, la science suppose que les particules élémentaires qui constituent cette forme de matière exotique et sombre, ont été créées à l'aide de toute la matière. « Si la matière noire était une véritable relique du Big Bang, les chercheurs auraient depuis longtemps trouvé un lien direct avec celui-ci dans diverses expériences de physique des particules », affirme Tenkanen. Jusqu'à présent, ce lien n'a jamais été établi et l'astronome en tire la conclusion suivante… « Oui, la matière noire aurait pu précéder le Big Bang. »

La matière noire est l'un des plus grands mystères de la physique moderne. Elle n'est pas visible et n'a jamais été observée directement. Cependant, les chercheurs savent qu'elle est là. Elle se fait sentir, ne serait-ce que par sa gravité. Sans la gravité supplémentaire de la matière noire, de nombreuses galaxies seraient déchirées par la force centrifuge, car elles tournent beaucoup trop vite.

S'appuyant sur la théorie de la relativité générale d'Albert Einstein, 1879-1955, et sur la théorie d'un Univers dynamique, du mathématicien russe Alexander Alexandrowitsch Friedmann, 1888-1925, Tenkanen est arrivé à la conclusion que l'Univers était en constante expansion dans l'espace depuis sa formation, il y a 13,8 milliards environ d'années. Fondamentalement, la « graine » de l'Univers était beaucoup plus petite qu'un atome, mais contenait déjà toute la matière et l'énergie qui sont désormais réparties sur plusieurs milliards d'années-lumière. Tout a été créé à partir de cette substance. Les galaxies, le Soleil, les étoiles, la matière et le rayonnement... ainsi que la vie.

Absolument tout.

À un moment donné, les physiciens n'en connaissent pas la raison, cet « espace » minuscule, qualifié comme dense et chaud, a soudainement commencé à s'étendre. Et il continue de s'étendre aujourd'hui. Nous en parlerons plus en détail dans les points suivants, mais toutes les étoiles de notre galaxie, la Voie lactée, ne représentent ensemble que approximativement 15 % de la masse visible. Le reste, environ 85 %, n'est que matière noire. Tenkanen a déclaré qu'il sera extrêmement passionnant de voir ce que l'Univers « révélera sur la matière noire, et si les données nous donneront un aperçu de la période précédant le Big Bang ».

Au cours de cette phase, avant qu'il ne se contracte à nouveau, l'Univers a produit une variété de particules élémentaires appelées particules scalaires. Jusqu'à présent, un seul type de ces particules cosmiques est connu, ce que nous appelons le boson, ou bien encore particule de Higgs. Selon Tenkanen, nous pourrions classer la matière noire dans cette catégorie.

La Terre

La Terre est la troisième planète la plus proche du Soleil. La distance qui les sépare est de cent cinquante millions de kilomètres. Elle a la forme d'une sphère et tourne sur elle-même en ± vingt-quatre heures. En raison de la grande part d'eau qui la compose, près de 72 %, elle est également parfois appelée la planète bleue.

La Terre fait un tour complet sur elle-même en un jour ou ± 24 heures et fait le tour du Soleil en 365 jours. Lorsque le Soleil éclaire une face de la Terre, il y fait jour et l'autre partie de la Terre est alors plongée dans la nuit. La planète Terre est la seule planète à être peuplée d'êtres vivants, à notre stade de connaissances aujourd'hui.

Plusieurs éléments permettent de se repérer sur la Terre. Il s'agit des continents, des océans, des deux pôles, des lignes imaginaires tracées par l'homme et des points cardinaux. L'équateur est une ligne imaginaire qui délimite les deux hémisphères de la Terre, c'est-à-dire ses deux moitiés nord et sud. Notre population est en pleine croissance et près de huit milliards d'individus la peuplent. Cette population mondiale est inégalement répartie sur la surface du globe. L'essentiel se concentre dans trois grands foyers situés en Europe ainsi qu'en Asie. Les conditions naturelles parfois difficiles expliquent que d'immenses espaces restent inoccupés par l'homme.

Informations sur la Terre :

Diamètre : 12 742 km

Distance du Soleil : 149 597 870 km

Période de rotation : 1 jour

Période de révolution : 365 jours

Température : de -98 °C à +56 °C

L'origine du système solaire

Le système solaire s'est formé il y a plus de 4,7 milliards d'années, selon les estimations des scientifiques. Le système solaire est composé de :

Une étoile au centre : le Soleil, cette énorme boule de feu qui nous éclaire et nous réchauffe ;

Huit planètes et une planète naine : Mercure, Vénus, la Terre, Mars, Jupiter, Saturne, Uranus, Neptune, et la petite dernière, Pluton ;

Des satellites naturels : la Lune est le satellite naturel de la Terre. Et comme la Terre, certaines planètes ont également leur(s) satellite(s) ;

Des milliards d'astéroïdes : de petits « rochers » qui sont en orbite entre Mars et Jupiter ;

Des comètes.

Même si cela paraît poétique, le Soleil et les planètes sont nés de l'explosion d'une étoile. Le Soleil en est la part la plus grosse. Des poussières d'étoiles se sont mises à virevolter autour de cette grosse boule, puis se sont condensées et agglutinées pour former neuf planètes.

Les quatre planètes les plus proches du Soleil sont Mercure, Vénus, la Terre et Mars. Ce sont des planètes rocheuses. Si vous assistez à un dîner mondain et que vous voulez en mettre plein la vue à votre audience, n'hésitez pas à employer le terme « tellurique » pour les qualifier.

Jupiter, Saturne, Uranus et Neptune sont, quant à elles, des planètes dites gazeuses. Elles sont constituées d'un noyau rocheux entouré de liquide. Et c'est un véritable séisme scientifique qui s'est abattu en 2006, puisqu'un comité d'experts de l'Union astronomique internationale a décrété que Pluton n'était plus une planète du système solaire ! En effet, ceux-ci ont affirmé que Pluton ne remplissait pas les trois critères requis pour faire partie du club très fermé des planètes du système solaire. Pluton a donc été désignée « planète naine ».

Les scientifiques ont également tour à tour revu leurs critères de classification de l'appellation « planète ». Voici les trois critères déterminants à remplir pour porter ce nom dans notre système solaire :

Une planète doit orbiter autour du Soleil ;

Une planète doit être de forme ronde ;

Une planète ne doit pas avoir d'objets célestes près d'elle.

C'est ce dernier critère qui posait un problème, relativement à Pluton. C'est pour cela que les scientifiques ont octroyé le statut de planète naine à Pluton, aux côtés de Éris, Cérès, Makémaké et Hauméa.

La Lune

La Lune, avec un L majuscule, est un corps céleste éclairé par le Soleil qui orbite autour de la Terre. Il est dit que la Lune est l'unique satellite naturel de la Terre, car c'est le seul astre lui tournant continuellement autour. Elle est apparue il y a 4,5 milliards d'années, alors que la Terre n'en avait encore que 50 millions. La Lune est la compagne constante de la Terre. Lorsqu'il fait nuit, elle semble aussi grande que le Soleil. Mais méfiez-vous des apparences, car, en réalité, la Lune est quatre cents fois plus petite !

Mais alors, pourquoi a-t-elle l'air si grosse, me direz-vous ? Tout simplement parce que le Soleil est beaucoup plus éloigné de la Terre et nous apparaît donc beaucoup plus petit qu'il ne l'est réellement. Vus de la Terre, le Soleil ainsi que la Lune paraissent avoir à peu près la même taille. En plus de cela, vous avez sûrement dû vous apercevoir que lorsque vous regardez la Lune, vous pouvez avoir l'impression qu'elle dispose d'un visage avec des yeux, une bouche puis des oreilles. Si vous regardez de plus près, vous verrez de nombreuses taches sombres. Ce sont les vallées ainsi que les montagnes qui se situent sur la surface de la Lune.

Avant sa découverte par télescopes ou par exploration, les Terriens croyaient que ces taches sombres étaient des mers. Toutefois, nous savons depuis longtemps qu'il n'y a jamais eu d'eau sur la Lune. Ces taches sont des cratères qui se sont formés, il y a des milliards d'années, lorsque d'innombrables météorites se sont écrasées sur la Lune, percutant sa surface.

Caractéristiques de la Lune :

Diamètre : 3 474,2 km

Circonférence : 10 921 km

Orbite autour de la Terre : 27 jours

Rotation sur elle-même : 27 jours

Distance de la Terre : 384 400 km

Température : de -160 °C à +130 °C

Le Soleil

Le Soleil est la plus ancienne et la plus grande étoile de notre système solaire. C'est une sphère lumineuse de gaz chauds qui, contrairement à la Terre, n'a pas de masse fixe. Avec un diamètre de 1,4 million de kilomètres, cette gigantesque boule de feu est non seulement le plus gros corps céleste, mais aussi le plus lourd. Comparée au Soleil, notre Terre est toute petite avec son diamètre de 13 000 km. Imaginez que le Soleil soit un ballon de football et que la Terre soit une sphère de trois millimètres qui se trouve à environ trente mètres de ce ballon. C'est à peu près la relation entre le Soleil et la Terre. Mais bien que le Soleil soit 330 000 fois plus lourd que notre Terre, il n'est pas immobile. En vingt-cinq jours, le Soleil tourne une fois sur lui-même tout en traversant la Voie lactée à une vitesse vertigineuse. À raison d'approximativement deux-cent-vingt kilomètres par seconde, le Soleil se déplace autour du centre de notre galaxie. À l'intérieur, les températures avoisinent les quinze millions de degrés Celsius, une chaleur que nous, humains, ne pouvons à peine imaginer. La pression est, quant à elle, deux-cents milliards de fois plus élevée que sur Terre.

Si nous regardons de plus près le Soleil, nous pouvons voir que sa structure est similaire à celle d'un oignon, puisque celui-ci se compose de plusieurs couches. Le noyau du Soleil a un diamètre gigantesque d'approximativement 175 000 kilomètres, pouvant être comparé à un gros réacteur à fusion. La fusion nucléaire a lieu ici à une température de quinze millions de degrés Celsius et sa densité est dix fois supérieure à celle du plomb. Un noyau d'hélium lourd est formé de quatre noyaux d'hydrogène. Lors de cette fusion, il y a une perte de masse qui est convertie en énergie. En une seconde seulement, le Soleil convertit environ cinq millions de tonnes de matière en énergie, qu'il libère dans l'espace sous forme de chaleur et de lumière.

La zone de rayonnement est située autour du noyau du Soleil. Ici, l'énergie de l'intérieur du Soleil est transportée vers l'extérieur sous forme de lumière. Mais cette couche est si dense et si impénétrable, qu'il faut à la lumière et à la chaleur, un million d'années pour en sortir. Lorsque les rayons du Soleil atteignent notre Terre, ceux-ci sont déjà très anciens. Si nous nous éloignons du noyau du Soleil, la température chute à « seulement » trois millions de degrés Celsius et nous atteignons la couche suivante, qui se nomme la zone de convection. En raison de la « basse » température, l'énergie ne peut plus être transportée vers la surface sous forme de rayonnement. La couche qui suit s'appelle la photosphère. Il s'agit de la surface visible du Soleil et sa température est d'environ six mille degrés Celsius. Cette zone est constituée d'une couche de gaz de quatre-cents kilomètres d'épaisseur qui n'est pas, certes, solide, mais n'en est pas moins impénétrable.

Dans la photosphère, l'énergie, venue de l'intérieur, est libérée sous forme de rayonnement visible vers l'extérieur, c'est pourquoi elle est également la couche la plus brillante. Des morceaux de matière incandescente, appelés granules, remontent à la surface. Ici, ces granules se refroidissent et s'enfoncent à nouveau dans des couches plus profondes. Ce processus est appelé convection. La chromosphère et la couronne forment ensemble l'atmosphère solaire. La chromosphère est la couche enrobant la photosphère. Elle a reçu ce nom en raison de sa couleur rouge vif. Ici, la température peut atteindre approximativement dix mille degrés Celsius. La chromosphère mesure jusqu'à dix mille kilomètres d'épaisseur et se compose de jets de gaz individuels. La couche la plus externe de l'atmosphère solaire est la couronne, une zone constituée d'une mince couche de gaz. Vous ne pouvez observer la couronne que durant une éclipse solaire totale. Elle apparaît alors comme un anneau de lumière blanche et brillante. La température dans cette couche augmente à nouveau pour atteindre plusieurs millions de degrés Celsius.

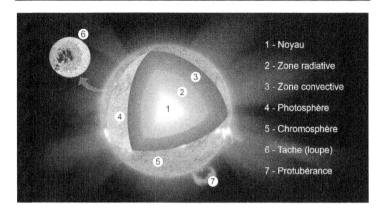

1 - Noyau

2 - Zone radiative

3 - Zone convective

4 - Photosphère

5 - Chromosphère

6 - Tache (loupe)

7 - Protubérance

Carte d'identité des planètes de notre système solaire.

Mercure

Diamètre : 4 879 km

Distance du Soleil : 57,9 millions de kilomètres

Masse : 0,055 fois la masse terrestre

Période orbitale, autour du Soleil : 88 jours terrestres

Surprenant : Mercure est la plus petite planète de notre système solaire et a la plus grande différence de température entre le jour et la nuit : plus de 500 °C ! Mercure rétrécit lentement, car elle possède un gros noyau de fer qui se contracte.

Vénus

Diamètre : 12 104 km

Distance du Soleil : 108,2 millions de kilomètres

Masse : 0,815 fois la masse terrestre

Période orbitale, autour du Soleil : 225 jours terrestres

Surprenant : probablement la planète la plus infernale. Pourquoi ? En raison de son atmosphère dense en dioxyde de carbone, les températures sur Vénus montent à 460 °C durant la journée. Des pluies caustiques d'acide sulfurique tombent d'épais nuages et le sol est parsemé de volcans.

La Terre

Diamètre : 12 756 km

Distance du Soleil : 149,6 millions de kilomètres

Période orbitale, autour du Soleil : 365 jours terrestres

Surprenant : la Terre est la seule planète sur laquelle se trouve de la vie. Il y a aussi de l'eau à l'état solide, liquide et gazeux, et parfois il est possible d'observer des éclipses solaires spectaculaires, alors que le Soleil disparaît quelques instants derrière la Lune, c'était, entre autres, en août 2008, puis sont prévues en août 2026 et en septembre 2081.

Mars

Diamètre : 6 794 km

Distance du Soleil : 227,9 millions de kilomètres

Masse : 0,107 fois la masse terrestre

Période orbitale, autour du Soleil : 687 jours terrestres

Surprenant : l'Olympus Mons, ou Mont Olympe, haut de vingt-et-un kilomètres, est la plus haute montagne du système solaire, et Valles Marineris est le plus grand rift à plus de 8 km de profondeur. Également surprenant : nous y trouvons des tourbillons de poussière ressemblant à des tornades d'un kilomètre de diamètre.

Jupiter

Diamètre : 142 984 km

Distance du Soleil : 779 millions de kilomètres

Masse : 317,8 fois la masse terrestre

Période orbitale, autour du Soleil : 11,9 années ter-restres

Surprenant : la plus grande planète a les jours les plus courts, soit 9,8 heures, et la tempête la plus longue, la Grande Tache rouge, tourbillonnant depuis 340 ans ! De plus, Jupiter est la planète qui a probablement le plus de lunes. Nous lui connaissons quatre-vingts satellites naturels, dont Ganymède est le plus grand d'entre eux.

Saturne

Diamètre : 120 536 km

Distance du Soleil : 1 433 millions de kilomètres

Masse : 95,2 fois la masse terrestre

Période orbitale, autour du Soleil : 29,5 années ter-restres

Surprenant : Saturne possède un système d'anneaux unique et est entourée de grosses boules de glace. Certaines lunes de Saturne sont, en effet, entièrement constituées d'eau gelée. La foudre sur Saturne est un million de fois plus puissante que sur Terre et peut mesurer jusqu'à 100 m de large.

Uranus

Diamètre : 51 118 km

Distance du Soleil : 2 871 millions de kilomètres

Masse : 14,5 fois la masse terrestre

Période orbitale, autour du Soleil : 83,8 années ter-restres

Surprenant : les saisons sont des plus inhabituelles. Comme le pôle Nord d'Uranus pointe vers le Soleil, il y reste éclairé pendant environ 40 ans en été. Il peut également pleuvoir des diamants ! Les chercheurs pensent que ces roches pourraient se former à partir du méthane présent dans l'atmosphère.

Neptune

Diamètre : 49 528 km

Distance du Soleil : 4 495 millions de kilomètres

Masse : 17,1 fois la masse terrestre

Période orbitale, autour du Soleil : 163,8 années terrestres

Lunes : 14

Surprenant : c'est la planète la plus éloignée du Soleil. Pourtant, des tempêtes extrêmement fortes balayent Neptune, avec des rafales à plus de 2 000 km/h. Par ailleurs surprenant : les volcans de glace sur l'une des lunes, Triton, crachent de l'azote à -220 °C.

La Voie lactée

Si vous regardez le ciel par une nuit claire, vous pouvez voir une bande lumineuse qui s'étend en travers du ciel. C'est ce que nous appelons la Voie lactée, parce qu'elle semble brillante et laiteuse. Les Grecs anciens pensaient que c'était là que les dieux renversaient du lait et l'appelaient « galaxie », du grec galaktos qui signifie « lait ». Bien sûr, la Voie lactée n'est pas réellement faite de lait. Si vous la regardez avec un télescope, vous pouvez distinguer qu'elle se compose d'innombrables étoiles. À l'œil nu, leur lumière se fond en une bande lumineuse. Mais pourquoi tant d'étoiles se rassemblent-elles dans cette étroite bande de ciel ?

Pour résoudre ce mystère, les astronomes ont dû regarder beaucoup plus loin dans l'espace. Ils y ont découvert des taches lumineuses, qu'ils ont appelées « nébuleuses ». À l'aide d'un puissant télescope, ils ont réalisé que ces nébuleuses étaient des amas de plusieurs milliards d'étoiles, et que la plupart des nébuleuses avaient la forme de grands disques plats.

Il était alors clair que le Soleil lui-même, n'était qu'une étoile parmi d'autres, dans un disque d'étoiles similaire. Aussi, parce que nous vivons au milieu de ce disque, celui-ci nous apparaît comme une bande qui s'étend dans le ciel qui nous entoure.

Ce disque, notre galaxie, la Voie lactée, se compose de plusieurs centaines de milliards d'étoiles, de leurs planètes et de beaucoup de poussières et de gaz. Ces matières s'attirent en raison de leur gravité, de sorte que la galaxie garde sa forme. C'est un disque plat, avec les étoiles disposées en spirale autour du centre de la galaxie. Bien que notre Soleil soit le centre de notre système solaire, il n'est lui-même qu'une petite étoile dans un bras extérieur de la spirale formant la Voie lactée. Il se déplace donc lui aussi et nécessite d'un peu plus de deux-cents millions d'années pour en faire le tour.

Notre galaxie n'est en aucun cas quelque chose de spécial, mais seulement une galaxie de taille moyenne parmi plusieurs milliards d'autres galaxies dans l'Univers. La galaxie la plus proche est la nébuleuse d'Andromède, à environ deux millions d'années-lumière de notre Terre. Un simple regard vers le ciel mène donc rapidement à devoir considérer des distances inimaginables.

Dans le ciel nocturne, nous pouvons voir plusieurs milliers d'étoiles à l'œil nu. Avec de grands télescopes, nous pouvons regarder beaucoup plus loin dans l'espace, jusqu'à plus de 100 000 000 000 000 000 000 000 km, c'est-à-dire un 1 suivi de vingt-trois zéros ! De quoi donner le tournis. Nous pouvons donc y voir des milliards de galaxies, et en leur sein, des milliards d'étoiles. En bref, l'Univers est incroyablement grand et rempli d'étoiles.

La galaxie la plus proche de la Voie lactée

Bien que plusieurs dizaines de galaxies mineures soient plus proches de notre Voie lactée, la galaxie d'Andromède est la grande galaxie spirale la plus proche de la nôtre. À l'exception du Grand et du Petit Nuage de Magellan, visibles depuis l'hémisphère sud de la Terre, la galaxie d'Andromède est la galaxie externe la plus brillante que nous puissions observer.

À 2,5 millions d'années-lumière, cela reste l'objet céleste le plus éloigné, que la plupart d'entre nous, humains, pouvons voir à l'œil nu. La grande galaxie spirale du Triangle est légèrement plus éloignée, à 2,7 millions d'années-lumière. Tout comme la galaxie d'Andromède, elle fait partie de notre Groupe local de galaxies. Il est dit parfois qu'elle est visible à l'œil nu, mais celle-ci est orientée face à nous, et a donc une faible luminosité de surface.

Contrairement à la galaxie d'Andromède, elle se révèle très difficile à voir. Les astronomes appellent occasionnellement la galaxie d'Andromède par le nom de Messier 31 ou M31, étant 31e d'une célèbre liste d'objets flous compilée par l'astronome français Charles Messier, 1730-1817. Son catalogue répertorie les « objets à ne pas confondre » lors de la chasse aux comètes. De nos jours, les astronomes amateurs recherchent ces objets avec leurs télescopes et leurs jumelles. Ils font partie des plus beaux objets connus du ciel profond. La plupart des objets Messier sont des amas d'étoiles ou des nuages de gaz de notre propre galaxie. Mais la galaxie d'Andromède étant une galaxie à part entière, bien plus grande que notre Voie lactée, dans un ciel sombre, nous pouvons observer dans le ciel une grosse tache de lumière lointaine, plus grande qu'une pleine lune.

Les moments où vous avez le plus de chance de voir Andromède

Depuis les latitudes moyennes du nord, il est possible de voir Andromède, M31, pendant au moins une partie de chaque nuit, toute l'année. Mais la plupart des personnes observent la galaxie pour la première fois vers les mois d'août ou septembre, lorsqu'elle est suffisamment haute dans le ciel pour être vue du soir jusqu'au lever du jour. Entre fin août et début septembre, commencez à chercher la galaxie en milieu de soirée, à peu près à mi-chemin entre la tombée de la nuit et minuit.

Fin septembre et début octobre, la galaxie d'Andromède brille dans votre ciel à la tombée de la nuit, si vous êtes géographiquement situé du côté oriental. Elle se situera au-dessus de vos têtes au milieu de la nuit et se tiendra plutôt haut à l'ouest au début de l'aube. Les soirées d'hiver sont également propices à l'observation de la galaxie d'Andromède. Si vous êtes éloigné des lumières urbaines et que vous observez les étoiles pendant une nuit sans lune à la fin de l'été, de l'automne ou de l'hiver, il est possible que vous observiez la galaxie à l'œil nu dans le ciel nocturne. Mais si vous ne parvenez pas à la trouver facilement, voici quelques manières simples d'y parvenir :

En utilisant la constellation de Cassiopée, facile à trouver.

Regardez le ciel vers le nord et cherchez un motif d'étoiles en forme de M ou de W. Si vous savez reconnaître l'étoile polaire et si vous savez comment trouver la Grande Ourse, sachez que la Grande Ourse et Cassiopée se déplacent autour de l'étoile polaire comme les aiguilles d'une horloge, toujours face à face. Une fois que vous avez trouvé Cassiopée, cherchez son étoile Schédar, cette dernière pointe vers la galaxie d'Andromède.

En utilisant le Grand carré de Pégase.

Vous pouvez également apercevoir la galaxie d'Andromède en vous servant du Grand carré de Pégase. C'est un parcours plus long, mais, à bien des égards, c'est aussi le plus beau. En automne, le Grand carré de Pégase ressemble à un grand terrain de baseball illustré dans le ciel. Imaginez que l'étoile du bas du carré de quatre étoiles est le marbre, puis tracez une ligne imaginaire entre l'étoile de la « 1re base » et l'étoile de la « 3e base » pour localiser deux filets d'étoiles qui s'éloignent du champ. Ces étoiles appartiennent à la constellation d'Andromède.

Ce n'est qu'au XXe siècle que les astronomes ont pu identifier des étoiles individuelles dans la spirale de la nébuleuse d'Andromède. Cette découverte a conduit à une controverse relative à la nébuleuse d'Andromède et d'autres nébuleuses spirales. Se trouvaient-elles à l'intérieur ou à l'extérieur de la Voie lactée ? Dans les années 1920, Edwin Hubble a finalement résolu le problème, lorsqu'il a utilisé des étoiles variables céphéides, appartenant à la galaxie d'Andromède, afin de déterminer qu'il s'agissait bien d'un univers insulaire résidant au-delà des limites de notre galaxie.

Les galaxies d'Andromède et de la Voie lactée sont les deux galaxies les plus massives et dominantes de notre Groupe local de galaxies. La galaxie d'Andromède est la plus grande galaxie du Groupe, lequel contient également, en plus de la Voie lactée, la galaxie du Triangle et environ trente autres galaxies plus petites. La Voie lactée et la galaxie d'Andromède revendiquent toutes deux une douzaine de galaxies satellites.

Ces deux galaxies, qui nous intéressent ici, mesurent environ 100 000 années-lumière de diamètre et ont suffisamment de masse pour fabriquer des milliards d'étoiles. Les astronomes ont découvert que notre Groupe local se trouve à la périphérie d'un amas géant de plusieurs milliers de galaxies, que les astronomes appellent l'amas de la Vierge. Ils ont désormais connaissance d'un super amas irrégulier de galaxies, qui contient l'amas de la Vierge, qui à son tour contient notre Groupe local, qui à son tour contient la Voie lactée et la galaxie voisine d'Andromède. Au moins 100 groupes et amas de galaxies sont situés dans ce Superamas de la Vierge. Il est estimé que son diamètre est d'environ 110 millions d'années-lumière.

La question de savoir si la galaxie d'Andromède entrera en collision avec notre galaxie se pose auprès de nombreuses personnes et scientifiques. C'est une possibilité certaine, si nous en croyons ce que nous savons, ou ce que nous pensons savoir, sur l'Univers. La première tentative de mesure de la vitesse radiale de cette galaxie, c'est-à-dire son mouvement vers l'avant ou vers l'arrière, le long de notre ligne de visée, a été faite en 1912. Après cette première estimation, les astronomes ont cru durant des décennies, que la galaxie s'approchait à près de deux-cents miles par seconde, soit trois-cents-vingt kilomètres par seconde, mais les astronomes intervenus ultérieurement sur ces calculs n'étaient pas d'accord. Puis en mai 2012, les astronomes de la NASA ont annoncé qu'ils pouvaient désormais prédire avec certitude l'heure de cette collision de galaxies titans.

Rappelez-vous cependant que la galaxie d'Andromède se trouve à 2,2 millions d'années-lumière, une seule année-lumière faisant près de 10 billions de kilomètres soit 6 billions de miles. Donc, bien qu'il semble que cette galaxie se rapproche de la nôtre... ce n'est pas une raison pour s'inquiéter. Quand vont-elles entrer en collision ? Selon les astronomes de la NASA, en 2012, pas avant quatre milliards d'années. De plus, lorsque deux galaxies entrent en collision, elles ne s'écrasent pas vraiment l'une sur l'autre, simplement parce qu'il y a beaucoup plus d'espace libre que d'étoiles dans une galaxie, les galaxies qui entrent en collision se traversent comme des fantômes. Mais ces galaxies, interagissant, selon des lois de gravité, ce mouvement les fera changer de forme, voire fusionner en une galaxie plus grande.

La galaxie d'Andromède (M31) est située aux coordonnées suivantes : ascension droite 0h 42,7m ; déclinaison : 41° 16′ nord. Conclusion : à 2,5 millions d'années-lumière, la grande galaxie d'Andromède (Messier 31) est considérée comme l'objet le plus éloigné visible à l'œil nu.

Les différents types d'étoiles

En général, la durée de vie d'une étoile dépend de sa composition, mais aussi de sa masse. Plus une étoile est importante, plus elle sera lumineuse et moins elle vivra longtemps. Nous classons les étoiles en catégories, selon leur masse, qui définit la température et donc la couleur, ainsi que l'étape de leur cycle de vie.

Voici les principaux types d'étoiles que nous pouvons trouver :

Les pulsars, les étoiles à neutrons, les pulsars millisecondes ;

Les étoiles naines telles que les naines brunes, les naines rouges, les naines jaunes, les naines oranges et les naines blanches ;

Les géantes telles que les géantes bleues, les géantes rouges, les géantes jaunes, les géantes oranges, et, moins fréquemment, les supergéantes et les hypergéantes.

Comme évoquée ci-dessus, la couleur d'une étoile dépend de la température de sa surface. Si cette température est inférieure à 4 000 °C, l'étoile sera rouge, aux alentours de 6 000 °C, elle sera jaune, puis au-delà de 7 000 °C, bleue.

Les étoiles brillent parce que dans leur cœur se produit une fusion nucléaire. Les atomes d'hydrogène, sous la pression de la pesanteur de l'étoile et agités à cause d'une température très élevée, entrent en collision et fusionnent pour donner de l'hélium.

Cette réaction dégage une quantité énorme d'énergie, qui chauffe le gaz de l'intérieur de l'étoile à des millions de degrés ! La surface de l'étoile, au contact avec le cosmos dans lequel la chaleur dégagée par le cœur de l'étoile va se perdre, est plus froide, environ 6 000 °C dans le cas du Soleil, ce qui est néanmoins suffisamment chaud pour émettre la lumière qui nous permet de voir l'étoile.

Les trous noirs

Les trous noirs sont les objets les plus étranges de l'Univers. Un trou noir n'a pas de surface comme une planète ou une étoile. C'est pourtant une zone de l'espace dans lequel la matière s'est effondrée sur elle-même. Cet effondrement aux proportions gigantesques provoque la concentration d'une énorme quantité de masse dans un espace incroyablement petit. L'attraction de cette zone est si forte que rien ne peut lui échapper, pas même la lumière. Les trous noirs ne sont aucunement visibles, mais nous pouvons les reconnaître par la façon dont ils affectent les nébuleuses, les étoiles et les galaxies à proximité. Beaucoup de ces trous noirs sont entourés d'accumulations de matériaux en forme de disque. Ces matériaux tourbillonnent autour des trous noirs, deviennent extrêmement chauds et émettent des rayons X. Il existe des trous noirs de toutes les tailles.

La plupart sont à peine plus massifs que le Soleil. Ces trous noirs de « masse stellaire » se forment lorsque la vie d'une étoile massive, d'environ dix fois la masse du Soleil, se termine par une explosion ou supernova. Ce qui reste de l'étoile, toutefois encore de plusieurs fois la masse du Soleil, s'effondre en une structure de seulement quelques kilomètres de diamètre. Au centre de la plupart des galaxies, y compris de la Voie lactée, se trouvent des trous noirs supermassifs. Ceux-ci peuvent avoir des millions ou des milliards de fois la masse du Soleil. Les trous noirs supermassifs sont présents dans des galaxies actives ainsi que dans de vieilles galaxies appelées quasars. Les quasars peuvent être des centaines de fois plus brillants que la plus grande des galaxies normales. Les objets tombant dans un trou noir sont littéralement étirés jusqu'au point d'éclatement. Supposons qu'un vaisseau spatial s'aventure trop près et soit entraîné dans un trou noir, la gravité incroyablement forte le déchiquetterait, tout simplement.

Les nébuleuses

Une nébuleuse est un nuage géant fait de poussière et de gaz « flottant » dans l'espace. Certaines nébuleuses proviennent du rejet de gaz et de poussière rejetés par l'explosion d'une étoile mourante, telle qu'une supernova. D'autres nébuleuses sont des régions où de nouvelles étoiles commencent à se former. Pour cette raison, les nébuleuses sont parfois appelées « pépinières d'étoiles ». Les nébuleuses sont toutes constituées de poussière et de gaz, principalement d'hydrogène et d'hélium. Cette poussière et ces gaz sont très dispersés, mais la gravité peut lentement commencer à leur faire former des amas. Au fur et à mesure que ces amas deviennent de plus en plus gros, leur gravité devient de plus en plus forte.

Finalement, l'amas de poussière et de gaz devient si gros qu'il s'effondre sous l'effet de sa propre gravité. L'effondrement provoque le réchauffement de la matière au centre de ce nuage, ce noyau chaud donnant alors naissance à une étoile. Les nébuleuses se situent dans l'espace entre les étoiles, également connu sous le nom d'espace interstellaire. La nébuleuse connue la plus proche de la Terre s'appelle la nébuleuse de l'Hélice. C'est le reste d'une étoile mourante, peut-être une qui aurait été similaire au Soleil, se trouvant à environ 700 années-lumière de la Terre.

Cela signifie que, même si vous pouviez voyager à la vitesse de la lumière, il vous faudrait encore 700 ans pour y parvenir ! Les astronomes utilisent des télescopes très puissants pour photographier les nébuleuses. Les télescopes spatiaux de la NASA tels que Spitzer et Hubble ont capturé de nombreuses images de nébuleuses lointaines.

Après la lecture de ce chapitre, j'espère que vous serez fin prêt à inviter Thomas Pesquet, le célèbre astronaute français, pour un café. En effet, les questions sur le Big Bang et la morphologie des étoiles n'ont désormais absolument plus aucun secret pour vous.

Bravo !

Chapitre 3

L'histoire de l'être humain

Dans ce chapitre, nous nous intéresserons à l'histoire de l'être humain et à ce qui la rend si particulière. Le ton narratif est de mise puisque je ne me contenterai pas de vous relater des faits, car... je vais vous raconter une histoire.

Le saviez-vous ? Si nous essayions de faire tenir toute l'histoire de la Terre en une journée de 24 heures, les humains modernes n'émergeraient, en tant que nouvelle espèce, que deux minutes avant minuit. Tout a commencé en Afrique. La vie sur Terre s'est développée, il y a plus de 3,5 milliards d'années, mais les hommes sont apparus il y a « seulement » 6 millions d'années. Les changements climatiques et les environnements changeants ont forcé les premiers humains à s'adapter en continu.

Il y a environ 2 millions d'années, en Afrique, le premier représentant du genre Homo fait son apparition. Cette espèce savait manier le feu puis a développé des techniques d'outillage sophistiquées, rendant cet Homo indépendant de son environnement. Depuis, son esprit conquérant n'a cessé de se développer. Il a conquis les déserts, les montagnes et les mers, puis a finalement colonisé le monde entier tel que nous le connaissons aujourd'hui.

Pourquoi ce développement a-t-il commencé en Afrique ? L'homme n'aurait-il pas pu tout aussi bien commencer à évoluer ailleurs ? Pendant un certain temps, les chercheurs ont cru que l'Europe ou l'Asie étaient la terre de nos ancêtres. Cependant, au cours des recherches sur l'homme préhistorique, des découvertes ont chamboulé les idées sur l'évolution humaine qui étaient répandues jusque-là. Aujourd'hui, c'est parfaitement clair. Toutes les découvertes d'hominidés datant de plus de deux millions d'années proviennent exclusivement d'Afrique. Le signal ou l'impulsion de départ a été donné il y a six millions d'années.

Il y a environ huit à six millions d'années, l'Afrique était encore principalement recouverte de forêts tropicales humides. Les changements saisonniers n'étaient pas très prononcés et les températures de l'eau dans les profondeurs des océans étaient en moyenne de 10 °C plus élevées qu'aujourd'hui. Puis un changement climatique a eu lieu. La forêt tropicale a partiellement péri, les conditions de vie et le paysage ont changé. Les savanes arborées offraient une plus grande variété d'habitats. Les arbres étaient trop éloignés entre eux pour que les singes continuent à se balancer de branche en branche.

Marcher debout s'est alors révélé utile pour pouvoir survivre dans ces zones. Les ancêtres communs des humains et des grands singes s'est ainsi divisé en deux branches distinctes. Ceci a contribué au premier pas d'évolution vers un être humain. La marche debout n'est donc pas née dans la savane, comme nous l'entendons encore souvent. Selon les connaissances actuelles, les humains ont commencé leur développement en lisière des forêts tropicales humides en Afrique. Il y a 2,8 millions d'années, un autre changement climatique drastique a eu un impact durable sur le développement de nos premiers ancêtres. Les températures des océans ont chuté et des périodes glaciaires ont changé la face des continents.

Premiers outils primitifs

En Afrique, aussi, les températures ont chuté de quelques degrés. Des changements régionaux se sont ajoutés aux changements mondiaux. C'est ainsi que s'est développé le rift africain, une chaîne de montagnes ayant eu un impact sur le climat régional. De puissantes chaînes de montagnes s'élevaient au bord de la vallée du Grand Rift, traversant plusieurs pays africains, correspondant à la Tanzanie, au Kenya et l'Éthiopie d'aujourd'hui. Ces montagnes ont provoqué une fracture climatique. Alors que de fortes précipitations tombaient du côté ouest, une grande partie de l'Afrique de l'Est est restée relativement asséchée. Des paysages de savane ont émergé, la nourriture est devenue plus sèche et les carapaces des animaux se sont durcies. Seuls les premiers humains capables de faire face à ce changement de régime alimentaire ont pu survivre. Certains l'ont fait avec de grandes dents pour broyer facilement les aliments, comme l'australopithèque. D'autres, comme l'Homo rudolfensis, ont été les pionniers dans l'utilisation d'outils primitifs, pour casser les aliments, leur permettant de prévaloir sur les premiers. C'est leur lignée qui a conduit à Homo sapiens.

Nos premiers ancêtres ont donc dû constamment s'adapter à des conditions de vie changeantes. Au sein d'une même espèce d'hominidés, il y avait toujours différentes variantes géographiques qui vivaient en différents lieux à la même époque. Ils ont tous développé leurs propres stratégies de survie, ce qui ne facilite pas vraiment la classification des fossiles découverts par les scientifiques.

En plus du changement évolutif pour s'adapter, la migration est une stratégie intelligente pour la survie. Pour cela, il est nécessaire d'avoir des outils à disposition, permettant d'affronter les difficultés des différentes zones d'habitat. Grâce à ces outils, les humains se sont rendus indépendants des influences environnementales directes. Au fil du temps, l'homme a par ailleurs développé des techniques de chasse et appris à initier et manier le feu. Nos ancêtres étaient en conséquence bien équipés pour quitter le continent africain. Pas plus tard qu'il y a deux millions d'années, les humains ont conquis de nouveaux territoires.

Selon les exigences de leur milieu de vie, différentes variantes se sont développées au sein de la famille préhistorique, désormais pareillement répandues en Europe et au Moyen-Orient. Toujours en Afrique, il y a un demi-million d'années, l'Homo sapiens a émergé. Et lui aussi s'est déplacé. L'Homo sapiens, l'homme moderne, a quitté l'Afrique, il y a environ 120 000 ans pour migrer vers l'Inde et le Moyen-Orient. Son extrême adaptabilité le rendait supérieur aux espèces apparentées, c'est ainsi qu'il a pu coloniser le monde entier.

La première civilisation

Tout a commencé sur le Nil. Les Égyptiens ont inventé l'écriture et l'État centralisé, le premier calendrier utilisable et une certaine mégalomanie monumentale, avec les pyramides. Leur culture a été plus étudiée par les scientifiques que presque toute autre. Pourtant, elle reste encore à ce jour empreinte de mystère. Il y a plus de cinq millénaires, en quelques générations seulement, les habitants du Nil sont passés de l'agriculture à la haute civilisation. Une poignée de chefs tribaux ont formé le premier État centralisé militairement, politiquement et religieusement uni de l'histoire du monde. L'empire des pharaons. Les dynasties de l'Égypte ancienne représentent une formidable stabilité de pouvoir. À titre d'exemple, certains rois ont régné plus longtemps que l'existence totale de la République fédérale d'Allemagne.

Certaines dynasties se sont étendues sur des siècles, plus d'années se sont écoulées entre le premier et le dernier pharaon qu'entre la fondation de Rome et notre XXIe siècle. Aujourd'hui, à première vue, la terre du Nil dégage la fascination morbide d'un cimetière. Le plus grand cimetière du monde bien sûr, long d'environ 1000 km. La mort est omniprésente et pas seulement devant les pyramides, les lieux de sépulture les plus monumentaux de l'humanité, ou dans les nécropoles magnifiquement peintes de la Vallée des Rois. Les temples ainsi que les statues colossales des dieux et des dirigeants, représentent les sphères de l'au-delà, du monde souterrain, du paradis. Tout, mais pas la vie quotidienne des personnes qui ont autrefois édifié ces structures.

Si temples et mausolées de la Rome antique sont arrivés jusqu'à nous, de même que tavernes, arènes de cirque, ateliers et maisons d'esclaves, donnant ainsi à l'observateur occasionnel une idée de la vie quotidienne dans l'Antiquité, l'Égypte reste bien secrète. Elle n'était pas seulement la première grande civilisation de l'histoire, mais surtout une civilisation obsédée par la mort. Même les premières tombes de la Première dynastie à Abydos, étaient de véritables palais de l'au-delà, remplis des trésors de ce monde. Ce culte de la vie éternelle s'est poursuivi pendant des milliers d'années et a atteint son apogée durant le Nouvel Empire, sous lequel même des pharaons relativement insignifiants comme Toutânkhamon ont reçu plus de trésors que n'en possédaient certaines cultures tout entières.

C'est essentiellement cette recherche de l'immortalité qui frappe encore aujourd'hui de nombreux visiteurs. Notamment, la prétention à l'éternité d'un empire qui, avec sa stabilité maintenue au fil des générations, est à l'exact opposé de la société supersonique des bits et des octets du XXIe siècle. Peu importe que le rêve égyptien d'immortalité se soit réalisé dans leurs monuments, mais ait conduit à de monstrueuses caricatures d'eux-mêmes parmi le peuple. Les cadavres embaumés, éventrés, bourrés de toiles de lin et d'oignons documentent une étonnante souveraineté avant la mort. Les personnes momifiées sont allées dans l'au-delà sans peur, avec la certitude d'y trouver un monde meilleur. Les racines de cette obsession de la mort sont encore controversées aujourd'hui. C'est l'une des innombrables questions restées ouvertes sur l'énigmatique civilisation du Nil.

Pendant près d'un millénaire et demi, les hiéroglyphes ont été le symbole de tous ces mystères de l'Égypte. D'innombrables textes ont survécu, certains sous la forme de reliefs, sur les murs de temples de la taille d'un terrain de football... inratables, mais intraduisibles ! Et même après que Jean-François Champollion et ses successeurs au XIXe siècle eurent appris à déchiffrer ces symboles et commencé à lire les inscriptions dans les tombes et les temples, de nombreuses questions sur l'empire des pharaons sont restées sans réponse. Comment les pyramides ont-elles été construites ? Quelles essences les anciens Égyptiens utilisaient-ils pour soigner leurs maux ? Où se trouvait exactement Thinis, la première résidence des pharaons ? À ce jour, personne n'est capable d'expliquer véritablement pourquoi il y a eu de si grandes explosions créatives dans l'histoire égyptienne, laquelle semble pourtant si uniforme. Pendant trois millénaires et demi, les Égyptiens ont écrit avec le système, resté essentiellement inchangé, des hiéroglyphes, que nous savons être la plus ancienne écriture de l'humanité et qui a été développée en très peu de temps. Mais qui a inventé les hiéroglyphes ? Et pour quoi faire ?

La forme pyramidale, le symbole le plus évident de l'intemporalité, a été conçue pendant les vingt ans de règne du pharaon Djoser et a immédiatement établi le record de son premier sommet. Certains des projets à grande échelle modernes ne dépassant même pas la taille de ceux de l'époque. Pourquoi ce dirigeant a-t-il soudainement fait construire un tombeau céleste ? Et qu'est-ce qui a ensuite poussé ses successeurs à transformer la pyramide à degrés en une pyramide pure et parfaite, une forme à laquelle aucune autre grande civilisation ancienne n'a osé penser et encore moins construire ?

Akhenaton, en moins de cinq ans, est devenu le premier monarque de l'histoire à imposer une religion monothéiste à son peuple, soit l'une des plus grandes révolutions spirituelles de tous les temps. Son culte du Soleil a-t-il été un déclencheur du concept juif de Dieu puis donc, indirectement, une sorte de prototype de la religion chrétienne actuelle ? Dieu n'est-il rien d'autre que l'invention d'un pharaon excentrique ?

Ce n'est que récemment que, non seulement, l'au-delà a suscité l'intérêt de la science, mais aussi le quotidien des anciens Égyptiens. Les égyptologues élaborent progressivement une image complète de la vie à l'époque des pharaons. Outre les moyens classiques de l'archéologie et de la philologie, qui consiste en l'examen des textes, des outils hautement technologiques et autres méthodes scientifiques sont de plus en plus utilisés. Les momies, qui faisaient encore sensation dans les soirées occultes de la haute bourgeoisie au XIXe siècle, informent aujourd'hui médecins, microbiologistes, généticiens et chimistes sur l'âge et sur le sexe du défunt. De plus, ces études nous renseignent sur son alimentation, son travail, son statut social et ses infirmités.

Les archéologues utilisent des magnétomètres au césium ainsi que des images satellites pour trouver les fondations puis les rues de villes disparues depuis longtemps. Par exemple, dans le delta du Nil, où des scientifiques allemands enquêtent depuis des années sur un puzzle laborieux, en combinant fouilles archéologiques classiques et méthodes plus modernes. La capitale autrefois magnifique de Ramsès serait peut-être le lieu d'où le peuple d'Israël serait parti d'Égypte. Ironiquement, nulle part n'avons-nous plus appris sur la vie quotidienne que dans la plus grande nécropole d'Égypte.

Les ouvriers qui ont jadis creusé les tombes des pharaons dans les roches de la Vallée des Rois ont laissé derrière eux un trésor riche de témoignages. Les égyptologues ont pu y recueillir tant de reliques que nous avons pu longtemps voyager

dans le temps, flânant de maison en maison, de famille en famille. C'est probablement l'aspect le plus apaisant et en même
temps le plus excitant de notre fascination pour l'Égypte. De la
grande pyramide de Khéops aux listes de présence des
scribes de la Vallée des Rois, méticuleusement écrites sur des
fragments de calcaire, d'innombrables témoignages personnels de l'activité humaine et des biographies entières ont traversé les millénaires. Peut-être un signe d'espoir... Celui qu'un
jour nos actions, comme autant de témoignages de la première
grande civilisation, puissent défier la déchéance et l'oubli. Un
écrivain arabe devait également en être conscient lorsqu'il
s'est, un jour, émerveillé devant les tombes monumentales des
pharaons et a ensuite écrit : « Les gens ont peur du temps,
mais le temps a peur des pyramides. »

Le Moyen Âge

Le Moyen Âge est considéré comme un « âge sombre ». La
guerre, la maladie et l'oppression n'étaient pas inhabituelles au
cours des quelque 1000 ans qui séparaient l'Antiquité des
Temps modernes. Il est vrai que des événements terribles tels
que la guerre de Cent Ans, dont le nom porte à confusion, les
croisades ou la peste, se sont produits durant cette période.
Mais le Moyen Âge est également synonyme de développements révolutionnaires qui ont mis les peuples sur la voie de
la modernité. Notamment la fondation des premières universités, l'épanouissement des villes, l'essor du commerce et de
l'artisanat… Le terme même de « Moyen Âge » est à l'origine
une calomnie forgée par les érudits humanistes des XVe et
XVIe siècles. Ils voulaient se distancier de cet âge, dit sombre,
qui s'achevait alors avec l'avènement de la Renaissance.

Les humanistes étaient convaincus qu'au Moyen Âge, la culture et l'éducation de l'Antiquité avaient subi un déclin drama-
tique. Cette interprétation, qui reléguait le Moyen Âge au rôle
de sombre charnière entre l'Antiquité et les Temps modernes,
a eu la peau dure pendant plusieurs siècles. Aujourd'hui, cette
période est appréhendée de manière plus nuancée dans la recherche historique européenne, mais l'appellation de Moyen
Âge est tout de même restée. La date exacte à laquelle l'Antiquité a pris fin et le début du Moyen Âge ne peut pas être dé-

terminée avec précision. Les dates clé fréquemment mentionnées sont, par exemple, le début de la migration des peuples vers 370 de notre ère ou la chute de l'Empire romain d'Occident en 476.

Entre-temps, une opinion s'est imposée, qui est de dire que l'Antiquité ne s'est pas terminée brusquement, mais s'est éteinte au cours d'un processus qui a duré plusieurs décennies, voire des siècles. La situation est similaire avec la transition entre le Moyen Âge et les Temps modernes, qui se situe au tournant des XVe et XVIe siècles. Le Moyen Âge européen peut être divisé en trois périodes, dont le début et la fin sont également contestés. Le haut Moyen Âge, dont le souverain le plus connu était Charlemagne, a duré jusque vers la fin du premier millénaire. Puis l'époque entre 1000 et 1250, le temps des chevaliers et des croisades, est maintenant appelée le Moyen Âge central. Et pour finir, celui-ci sera suivi par le bas Moyen Âge..

Élection du roi et mégalomanie

Bien que l'Empire romain d'Occident ait disparu de la carte en 476, ce glorieux empire est resté un point de référence important pour les dirigeants médiévaux. L'autorité politique la plus importante du Moyen Âge en Europe occidentale, était une entité qui est entrée dans l'histoire sous le nom de Saint-Empire romain de la Nation germanique, et ce, à partir du milieu du XVe siècle. Né de l'Empire franconien d'Orient de Charlemagne, il comprenait, durant un temps, presque toute l'Europe centrale et certaines parties de l'Europe du Sud. Au centre de ce vaste empire, se trouvait le territoire d'où, des siècles plus tard, l'État-nation germanique a émergé. Le Saint-Empire romain germanique n'était pas une entité réelle. Ses habitants étaient composés de nombreux peuples et la variété des langues était tout aussi grande. Il n'y avait ni système juridique central, ni monnaie commune et les frontières de l'empire changeaient constamment.

L'un des rares points fixes de l'empire était son souverain, l'empereur romain, qui détenait également le titre de roi. Le souverain recevait la couronne impériale des mains du pape, ce qui a conduit à plusieurs reprises à des conflits. La succession, en revanche, n'était pas l'affaire de l'Église. Otton Ier (912-973) a dû se présenter aux élections des princes les plus importants de l'empire avant de monter sur le trône. Cependant, Otton n'avait presque rien à craindre, car il n'y avait pas d'autre candidat face à lui. Dès la fin du XIIe siècle, l'élection du roi sera réservée aux électeurs allemands, dont le nombre est limité à sept à partir de 1257.

Le statut déterminait le rang social

Le principe maître de la vie médiévale était le système des successions, qui attribuait à chacun sa place dans la société. Incontestablement, au sommet, se trouvait le roi, auquel la noblesse et la haute société cléricale de l'empire devaient se soumettre. Le prochain échelon sur l'échelle sociale était réservé aux moines et aux chevaliers. La profession de chevalier est née au IXe siècle, lorsque de nouvelles méthodes de guerre sont apparues. Ces combattants à cheval et en armure étaient extrêmement importants en tant que seigneurs de guerre et, par conséquent, jouissaient de privilèges étendus. La chevalerie a connu son apogée au XIIe siècle, mais deux cents ans plus tard, le déclin de cette classe noble a commencé. Avec l'avènement des armées de mercenaires et celui de nouvelles armes comme l'arc long anglais, les chevaliers sont progressivement devenus inutiles à la société. Au Moyen Âge, la classe des paysans formait l'échelon le plus bas. Non seulement, ils constituaient de loin la plus grande partie de la population, mais ils étaient aussi les membres les plus faibles de la société. Cependant, il y avait toutefois de grandes différences entre paysans. Libres et non libres, démunis et riches. La vassalité servait en quelque sorte de ciment social entre les différentes classes. Un membre d'une classe inférieure était généralement vassal, c'est-à-dire le sujet, d'une personne de rang supérieur. Ce serviteur jurait fidélité et obéissance inconditionnelles à son maître. Cela incluait, entre autres, que le vassal devait payer des impôts et partir en guerre pour le seigneur. En échange, ce dernier prêtait des terres à son subordonné et le protégeait.

À moins de devenir moine ou nonne, tout être, au Moyen Âge, restait toute sa vie dans la même classe sociale, en changer était presque impossible. Cela n'a évolué qu'avec l'essor des villes à partir du XIIe siècle. Si un paysan asservi déménageait dans une ville médiévale et n'en était pas renvoyé par le maître de la ville pendant un an, il gagnait sa liberté. C'est d'ailleurs de là que vient le dicton populaire « l'air de la ville rend libre ». Afin de savourer cette liberté et de participer au boom économique, de plus en plus de gens affluèrent de la campagne vers la ville, durant le haut au Moyen Âge. Le marché est considéré comme le « noyau de la haute ville médiévale », comme le dit l'écrivain Rolf Schneider. Ce lieu, où se rencontraient des commerçants de différentes régions, était souvent le point de départ de la fondation d'une ville. Les villes sont devenues les centres économiques les plus importants de l'empire, des lieux où le commerce et l'artisanat prospéraient. Il n'est donc pas étonnant que l'une des associations économiques les plus puissantes du Moyen Âge ait émergé d'un accord entre plusieurs villes, il s'agit de la Ligue hanséatique. À l'apogée de cette ligue, entre le XIVe et le XVIe siècle, environ deux cents villes en faisaient partie, dont Hambourg, Lübeck, Cologne, Dortmund et Berlin.

D'un point de vue culturel, le Moyen Âge n'a pas non plus été une période totalement sombre. Ainsi, les premières universités voient le jour en Europe dès le XIIe siècle, comme à Paris, à Bologne ou à Oxford. Ces lieux sacrés de la connaissance émergeaient souvent des écoles attachées à des monastères et des cathédrales, qui jusque-là étaient généralement consacrées à l'éducation du clergé. Les beaux-arts connaissent également un essor au haut Moyen Âge. Les chansons courtoises, qui parlent de l'amour avec tous ses périls et ses tribulations, se font entendre dans les cours princières et dans les villes.

La Renaissance

Le peuple a cependant commencé à mépriser le Moyen Âge et à le considérer comme arriéré. Il remet à l'honneur l'Antiquité, laquelle « renaît » alors. Cette Renaissance a lieu aux XVe et XVIe siècles. L'art de la Renaissance prospère surtout à l'époque de la Réforme, avant d'être remplacé par le baroque à partir de 1600 en Italie, et un peu plus tard dans le reste de l'Europe.

Un esprit d'optimisme prédominait alors. L'art, la culture, les affaires et la science ont connu des innovations comme elles n'en avaient pas pu en observer depuis longtemps. De grandes œuvres d'art, des peintures et des bâtiments ont été créés. Des artistes tels que Léonard de Vinci ou Michel-Ange ont acquis une renommée mondiale qui perdure encore de nos jours. C'est aussi le temps des grandes découvertes et des érudits.

L'être humain à la période de la Renaissance

L'homme de la Renaissance est sûr de lui, il se considère comme un artiste, comme un créateur, comme le maître des arts. Il s'intéresse aux innovations techniques, à l'art de la guerre, à l'histoire, aux œuvres et à l'esthétique de l'Antiquité tant vantée. Tableaux, statues, reliefs et architectures doivent prendre en compte un nouvel idéal de beauté et une image de l'homme vivifiante, une fête des sens, une ivresse d'or et de pourpre. L'artiste de la Renaissance observe avec précision, analyse et prépare des études détaillées. Les cadavres sont disséqués, l'anatomie est expliquée.

La perspective centrale devient une invention révolutionnaire, influencée par le nouveau réalisme du Nord, les images et les sculptures deviennent des représentations fidèles de la nature. L'homme de la Renaissance élargit son champ de vision puis fait passer le terrestre et les conditions de l'existence humaine sur terre au centre de l'intérêt général. La foi chrétienne puis l'espérance de l'au-delà sont encore bien présentes, mais ne constituent plus la seule interprétation du présent et des phénomènes terrestres. L'humanisme est le nom de cette nouvelle mentalité qui aborde l'homme pour ce qu'il est puis le place au centre de l'art, de la culture et de la science.

L'humanisme

Le mot humanisme est dérivé du terme latin humanitas, l'humanité. L'humanisme traite de l'essence de l'homme et retrace son existence ainsi que son sens. L'humanisme devient une vision du monde, fondée sur les intérêts, les valeurs et la dignité de chaque être humain. Les forces traditionnelles telles que la religion ou les lois sont remises en question et ne sont pas adoptées sans critique. L'homme moderne, avec ses dons et ses capacités créatives, est mis en valeur.

Pétrarque et l'âge sombre

L'ancêtre des humanistes est le poète Pétrarque, qui, avec Dante et Boccace, est l'une des « trois couronnes » du Trecento, le XIVe siècle en Italie. Pétrarque sent le bouleversement d'époque imminent, il déclare sommairement les siècles écoulés, depuis l'Antiquité à son présent, comme une période « sombre », une ère de ténèbres impénétrables. Pétrarque montre à ses contemporains comment sortir de ces ténèbres, par un retour à l'Antiquité et une dévalorisation des siècles qui l'en sépare de son époque. Il crée une insertion artificielle entre l'Antiquité et la Renaissance : le Moyen Âge, un non-temps qu'il déclare être une régression. La Renaissance, en revanche, est destinée à créer une nouvelle ère en se reconnectant aux événements de l'époque de l'Antiquité.

Les humanistes mettent en avant le fait que les gens sont capables de se comprendre, de se remettre en question de manière critique, et de se développer eux-mêmes ainsi que leur monde. En 1511, le savant Érasme de Rotterdam, déjà célèbre de son vivant, formule cette expression qui deviendra la devise des humanistes... « Ad fontes », laquelle se traduit par « (retour) aux sources ». Ayant étudié les classiques grecs et romains, il a ouvert la voie à une nouvelle érudition. Ce retour aux sources ainsi qu'aux acquis de l'Antiquité devient le moteur de la Renaissance. Lorsque l'ancienne Byzance, la ville de Constantinople, est conquise par les Ottomans en 1453, de nombreux érudits et intellectuels fuient vers l'Italie. Dans leurs bagages, ils ont des textes depuis longtemps perdus ainsi que des copies des grands penseurs et orateurs de l'Antiquité. Les humanistes développent systématiquement une nouvelle image de l'homme, sur la base de ces textes, remplaçant l'adoption irréfléchie des traditionnelles visions du monde, par un examen critique, par la raison. L'art, l'architecture et l'artisanat de la Renaissance ont largement bénéficié des idées des humanistes.

Les artistes transposent cette nouvelle image de l'homme et des érudits dans leurs œuvres, et façonnent leur propre style et esthétique de la Renaissance jusqu'au XVIe siècle. Les créateurs et érudits, héros de la Renaissance et célébrés de leur vivant, avaient bien conscience de s'inscrire dans un mouvement particulier de renouveau et de recommencement. Ils célébraient les idées et les temps forts de l'Antiquité, un monde ancien depuis longtemps perdu, et les adaptent à leur époque, afin de les faire fructifier pour le présent, l'âge moderne. Pour beaucoup de nos contemporains, ce départ prometteur ressemblait au réveil après un long sommeil, ou à la naissance d'un nouvel être. « Rinascita », ou Renaissance, c'est ainsi que le critique d'art florentin Giorgio Vasari a appelé cet apogée culturel unique, un peu plus tard au XVIe siècle. Cette appellation est restée jusqu'à aujourd'hui puisque nous continuons de nommer Renaissance cette période, qui aura duré près de 200 ans aux XVe et XVIe siècles, une époque de profond changement culturel.

L'architecture

À l'époque de la Renaissance, les formes géométriques ont pris de l'importance. Tout était clairement structuré, la symétrie jouant également un rôle déterminant. Les colonnes étaient très populaires et garnissaient les façades. Parmi les architectes célèbres de la Renaissance, nous retrouvons Brunelleschi, Raphaël, Bramante et Michel-Ange.

Les artistes

L'un des artistes les plus célèbres de cette époque est Léonard de Vinci. C'est lui qui a peint les célèbres tableaux de La Joconde et de La Cène. Mais il n'était pas seulement peintre, il était aussi sculpteur, architecte et inventeur. Il a conçu de nombreuses machines, sur papier, qui n'ont existé que bien plus tard, comme des sortes d'avions ressemblant à des hélicoptères. Nous pouvons dire qu'il était effectivement bien en avance sur son temps. Parmi les autres artistes italiens de grande importance, citons Michel-Ange qui a sculpté le *David* et peint la chapelle Sixtine à Rome, ou encore Raphaël et sa *Madone Sixtine*.

Les années 1700 et 1800

Le XIXe siècle, l'âge du baroque, de l'absolutisme et des Lumières, est l'époque de la transition entre la Renaissance et l'Ère moderne. Les différents événements historiques qui ont eu lieu entre la guerre de Trente Ans et la Révolution française ont eu une influence non négligeable sur les conditions sociales, économiques, techniques et culturelles, en particulier en Europe. Les dynasties européennes ont de plus en plus renforcé leur pouvoir politique.

Le Brandebourg-Prusse a gagné en influence parmi les petits États germaniques puis a étendu son territoire. L'éducation et le renforcement de l'idée de nation ont favorisé la confiance en soi des citoyens ainsi que le développement de nouvelles institutions scientifiques. En plus des universités, apparaissent désormais académies et associations scientifiques, mais aussi de plus en plus de sociétés savantes, de laboratoires et d'installations de recherche. Pour finir, les écrivains des Lumières ont diffusé leurs idées à travers leurs écrits dans des cercles de plus en plus larges de la population.

Orientation scientifique et historique

En Europe, une pensée indépendante des idées de l'Église prévaut dorénavant et les sciences naturelles empiriques s'établissent, motivées par le besoin éveillé des gens d'une explication mécaniste et mathématique de la nature. L'absence d'ambiguïté, la clarté, la précision et le concept de preuve se sont développés en fondements méthodologiques, grâce auxquels les théories générales étaient vérifiées expérimentalement. À l'aide d'expériences systématiques, des principes généraux ont pu être dégagés. La technologie, la médecine, l'agriculture ainsi que l'économie étaient fondées sur une base scientifique et ont connu un essor sans précédent. Les villes et le commerce gagnent en importance et les voyages à la découverte de pays lointains étoffent également la production littéraire, surtout au XVIIIe siècle. Les arts, en particulier la littérature puis la peinture, connaissent leur apogée. Au cours de cette période, les publications de pays qui avaient une relation particulière avec la Prusse ou qui avaient un impact culturel sur elle ont pris de la puissance dans les bibliothèques. Par exemple, les imprimés de France, d'Italie et des pays baltes appartiennent aux fonds historiques les plus anciens des bibliothèques. Les pertes advenant dans ces stocks devaient être remplacées et les déséquilibres éliminés par reconstitution.

Genres d'écrits particuliers

Les genres d'écrits ont continué à se diversifier aux XVIIe et XVIIIe siècles. L'émergence de la revue moderne doit être soulignée comme une innovation radicale. Certes, la Bibliothèque royale a collecté à grande échelle hebdomadaires d'éthique, revues scientifiques universelles et les premières revues spécialisées de disciplines particulières, mais ici aussi, il faut absolument combler les lacunes et compléter les collections. Riches stocks d'écrits académiques de toute l'Europe, almanachs et calendriers presque complètement perdus, dissertations et litiges en droit, édits, statuts, encyclopédies, collections de brochures presque épuisées, publications occasionnelles, livres de prières et de chants... Du point de vue de la recherche, les catalogues des ventes aux enchères, les bibliothèques, les libraires et les éditeurs sont d'une grande importance. Ceux-ci ont malheureusement subi de nombreuses pertes durant la guerre. Les manuels, notamment de médecine, d'architecture et de droit, ainsi que les récits de voyage, nombreux, viennent compléter ces collections.

La révolution industrielle

La révolution industrielle est une époque de changements profonds dans l'histoire humaine. De nombreuses inventions sont apparues au cours de cette période et l'économie s'en est trouvée transformée. De nombreuses mines et usines ont été construites et le travail manuel de l'homme a été remplacé par des machines. De grands changements ont eu lieu, d'où le nom de révolution.

La révolution industrielle a d'abord commencé en Angleterre, vers 1750. Les moteurs à vapeur étaient désormais utilisés à la place de l'énergie hydraulique, de l'énergie éolienne et de la force des chevaux. Tout cela a été ainsi utilisé pour faire fonctionner les machines des usines, machines telles que des métiers à tisser avec lesquels il était fabriqué des étoffes et des textiles. Il était donc possible de produire beaucoup plus qu'avant et avec moins de main-d'œuvre.

Cependant, il a fallu des décennies pour que la révolution industrielle s'installe vraiment. Après l'Angleterre, elle a eu lieu en Belgique. En Allemagne aussi, où nous trouvons assez tôt de nouvelles usines et de nouvelles machines. Néanmoins, l'industrie ne s'est réellement développée en Allemagne qu'à partir de 1850 environ. La machine à vapeur était particulièrement importante. James Watt, originaire d'Écosse, est aujourd'hui souvent cité comme en étant l'inventeur. Cependant, nous savions déjà dès l'Antiquité que la vapeur pouvait être utilisée pour créer des mouvements puissants. À l'époque de Watt, d'autres inventeurs construisaient, eux aussi, des machines à vapeur. Toutefois, celles de Watt fonctionnaient beaucoup plus efficacement que les autres.

Non seulement beaucoup de choses ont changé au sein des usines, mais aussi dans l'agriculture. De meilleures charrues ont été construites et, surtout, des engrais modernes ont été élaborés. Grâce aux fertilisants, les plantes poussent beaucoup mieux. À titre d'exemple, en 1913, l'Allemagne récoltait presque le double qu'il y avait quarante ans en arrière.

Dans toute l'Europe et principalement en France, la médecine s'est également améliorée et il a été appris que de minuscules créatures appelées bactéries pouvaient être responsables des maladies. Les gens ont appris l'importance de se laver.

Les individus vivaient plus longtemps et moins d'enfants en bas âge mouraient. En conséquence, au fil du temps, les pays d'Europe ont compté beaucoup plus d'habitants qu'auparavant. Les chemins de fer et les télégraphes sont pareillement devenus importants dans la vie des personnes. Grâce au chemin de fer, il était plus facile d'amener les marchandises là où vivaient les acheteurs. De plus, les ouvriers n'étaient plus obligés de vivre très près de l'usine où ils travaillaient.

Quiconque voulait voyager de Berlin à Cologne vers 1830 avait besoin de plus d'une semaine de voyage en calèche tirée par des chevaux. Vers 1860, le chemin de fer était en mesure de le faire en une seule journée. Grâce au télégraphe, les gens apprenaient ce qui se passait dans le monde, beaucoup plus rapidement qu'avant. Si un fonctionnaire à Londres voulait savoir ce qui se passait en Inde britannique, il pouvait le faire en quelques minutes vers 1880. Quarante ans plus tôt, il lui aurait fallu deux mois pour transmettre des nouvelles de Londres vers l'Inde et recevoir une réponse.

Le bien-être du peuple

Beaucoup de personnes ont trouvé du travail dans les usines et ont pu gagner de l'argent ainsi. C'était important, car, si un fermier partageait ses terres entre ses nombreux enfants, il n'y en avait pas vraiment assez pour aucun d'entre eux. C'est pourquoi les plus pauvres vivaient là où il n'y avait pas d'industrie. Et... Énormément de gens ont quitté la campagne pour les villes.

Cependant, le travail dans les usines était souvent difficile et sale. Ce travail avait des effets néfastes sur la santé, surtout sur celle des enfants. Le travail des enfants n'était que partiellement interdit en Prusse en 1839. Pour travailler dans une usine ou dans une mine, il fallait alors avoir au moins neuf ans. Gardez en tête qu'à l'époque, il était tout à fait normal que de jeunes enfants travaillent dur à la ferme.

Les communistes comme Karl Marx pensaient que la pauvreté à l'époque était causée par la révolution industrielle. Les ouvriers des usines recevaient un salaire très bas et ne pouvaient pas demander plus, car ils n'avaient aucune formation. Les ouvriers étaient appelés « prolétaires » parce qu'ils n'étaient utiles à l'État que pour leurs nombreux enfants. En effet, le mot latin proles signifie « enfants ». Cependant, tous les ouvriers n'étaient pas sans formation, car beaucoup d'entre eux étaient des artisans. Ceux-ci ont commencé à former des syndicats et se mettaient également en grève lorsqu'ils étaient trop mal traités.

Au fil du temps, les gens ont gagné de l'argent et se sont enrichis, ce qui se révélait par ailleurs bon pour l'État. Avec les impôts, ce dernier pouvait par exemple construire écoles et hôpitaux. Il n'y avait pratiquement plus de famines après 1850, sauf à la suite des guerres.

Diverses inventions continuaient d'apparaître et de plus en plus de pays ont pu développer leur industrie. En ce sens, cette révolution continue aujourd'hui. Toutefois, la véritable révolution industrielle s'est terminée vers 1900. C'est alors que, suivant l'avis de certains historiens, une deuxième révolution industrielle a débuté. Grâce à des inventions telles que la chaîne de montage, un ouvrier n'avait plus besoin de savoir autant de choses qu'auparavant pour produire quelque chose. Il ne faisait plus qu'une petite partie du travail, mais répétait cette tâche encore et encore, le « taylorisme ». À partir de cette époque, l'électricité joue également un rôle de plus en plus déterminant.

Les révolutions des années 1700 et 1800

En 1855, à l'Exposition universelle de Paris, les constructeurs présentent leurs nouvelles machines. Le hall d'exposition, construit de verre et d'acier, rappelle les usines. Les hautes cheminées de ces dernières deviennent un symbole de la nouvelle industrie, celles-ci étant construites pour permettre au vent de mieux disperser les fumées nocives. Les bateaux à vapeur sont propulsés par vapeur au lieu de voiles.

L'époque contemporaine

L'ère contemporaine débute entre 1890 et 1920. Des changements majeurs dans tous les domaines de la vie ont conduit à une compréhension plus libre et plus subjective de l'art et de la culture, c'est pourquoi nous divisons l'ère contemporaine en plusieurs sous-époques et courants différents. On expérimente en art avec l'expressionnisme et l'impressionnisme. En histoire, il est parlé d'industrialisation, de connaissances scientifiques et techniques, de la sécularisation. Le thème de la politique étrangère émerge également avec des questions telles que le réarmement. Enfin, dans un registre un peu plus sombre, nous assistons à la Première Guerre mondiale et à la Grande Dépression. La vision du monde est à ce moment-là pessimiste, il est même parlé d'humeur « apocalyptique », la société étant submergée par des changements majeurs. Sur la ligne du temps, l'époque contemporaine survient à un moment de grand bouleversement. Il s'agit notamment de nouvelles découvertes techniques et scientifiques, ainsi que de conflits politiques et sociaux majeurs tels que la Première Guerre mondiale.

Le tournant du siècle marque ainsi une rupture avec la tradition et l'évolution vers une image plus moderne de l'homme comme être individuel et indépendant. Cela touche pareillement tous les domaines de l'art et de la culture. Les artistes se considèrent désormais comme des individualistes totalement libres et sans contrainte de créer leurs œuvres, selon leurs propres idées. C'est pourquoi de nombreux courants différents comme l'impressionnisme (1860) ou le dadaïsme (1916) ont émergé au cours de l'époque contemporaine.

Le passage du XIXe au XXe siècle a été une période de bouleversements dans de multiples domaines. Beaucoup de choses ont changé, et avec elles, la vie des individus. Des découvertes scientifiques et techniques révolutionnaires, telles que la formule quantique de Max Planck, la psychanalyse de Sigmund Freud et la théorie de la relativité d'Albert Einstein, ont changé pour toujours la vision de la société, auparavant encore ancrée dans la religion. L'homme était dorénavant considéré comme une créature unique, pensant de manière indépendante. À travers la sécularisation et la séparation de l'État et de l'Église, la foi a perdu de son importance.

En outre, l'industrialisation et l'automatisation de la vie professionnelle se sont poursuivies. Les conditions de travail étaient mauvaises et les ouvriers devaient maintenant se spécialiser dans un certain métier. Pour cette raison, et aussi parce que l'État s'immisçait de plus en plus dans la vie des individus à travers une bureaucratie croissante, ceux-ci ne pouvaient pas se développer complètement librement. Pourtant, c'était précisément cette individualité et la possibilité de se développer en tant que personne, qui devenaient de plus en plus importantes pour les personnes, probablement aussi puisque l'urbanisation en cours conduisait à un plus grand anonymat. Pendant ce temps, des changements politiques majeurs avaient également lieu. Depuis sa prise de fonction en 1888, l'empereur

Guillaume II tentait de transformer l'Allemagne en une puissance mondiale. Pour ce faire, il s'était réarmé, c'est-à-dire qu'il avait acheté des armes de guerre et avait voulu renforcer l'influence mondiale de l'Allemagne par le biais d'une politique étrangère plus agressive. C'est alors qu'en 1914, éclate la Première Guerre mondiale, qui dure jusqu'en 1918. À cette époque, différents courants contemporains ont émergé comme autant de manières de s'y opposer.

En 1918, la monarchie a été remplacée par la république de Weimar et Guillaume II est contraint d'abdiquer. La république de Weimar a été la première démocratie parlementaire allemande.

Cependant, toute l'Europe de l'époque s'est retrouvée affaiblie par la crise économique mondiale de 1929. Cette crise fait des vagues, au point de durer jusqu'à la prise du pouvoir des nationaux socialistes membres du parti national-socialiste dénommé nazi, en 1933 en Allemagne.

Quel que soit le pays d'Europe, cette terrible crise de 1929 et ce nombre important de grands changements dans la vie des personnes signifiait que beaucoup se sentaient perdus et désorientés. Ceux-ci ont alors développé une vision négative du monde et de l'humanité. Leur pessimisme est allé si loin qu'ils ont senti que le monde était condamné et d'ores et déjà en phase de déclin. Cette ambiance apocalyptique se reflétait également dans l'art ainsi que dans la littérature moderne.

Contrairement au naturalisme et au réalisme, dont les œuvres avaient une forte prétention à représenter la réalité, l'art contemporain n'était rien d'autre que de l'art. Il ne servait pas un but précis et ne se contentait pas d'être beau à regarder. Par ailleurs, les auteurs de la littérature contemporaine étaient donc très attachés à l'expérimentation et écrivaient dans des styles très différents.

L'époque contemporaine est la première époque de l'histoire de la littérature où il n'y a pas de tendance unifiée. Il y avait beaucoup de courants différents dans des domaines différents, soit une grande pluralité de styles :

Impressionnisme

Expressionnisme

Symbolisme

Esthétisme

Décadentisme

Dadaïsme

Art nouveau

Néoromantisme

Cependant, tous ces styles avaient un objectif commun : se détourner du naturalisme et de sa prétention à la réalité. La beauté et l'esthétique étaient plus importantes dans la littérature contemporaine que la neutralité.

Le XXe siècle

Le XXe siècle a été caractérisé de bien des manières. C'est l'époque de la violence, des idéologies et des catastrophes. Dans Le Monde en conflit, l'historien Edgar Wolfrum évoque les grandes lignes du XXe siècle et les regroupe par thème. Lisez donc ces quelques lignes des plus marquantes... « À l'automne 1940, un officier allemand a vu une image de la ville bombardée de Guernica dans l'atelier parisien de Picasso. En voyant cette image, il lui a demandé...

« C'est vous qui avez fait ça ? »

« Non, c'est vous », répondit Picasso.

Le lien entre la guerre, la destruction et l'art au XXe siècle peut-il être montré plus précisément qu'avec cette citation ? Edgar Wolfrum appelle le tableau Guernica, qui a été créé avant cette rencontre, « l'image clé du siècle ». Picasso l'a peint juste après le bombardement de la ville basque du même nom, durant la guerre civile espagnole par la légion Condor de Hitler, le 26 avril 1937. Guernica, représentation hautement symbolique de la terreur, est devenu au fil des ans le symbole le plus puissant des passions humaines durant les bombardements qui ont secoué le XXe siècle.

De telles considérations font de *L'Histoire du XXe siècle* d'Edgar Wolfrum une lecture intéressante et enrichissante. Ce professeur d'histoire contemporaine de l'université de Heidelberg ne se limite pas à décrire des événements marquants, ni ne s'en tient à l'historiographie chronologique traditionnelle.

Wolfrum découpe le siècle par thème

Au lieu de cela, Wolfrum choisit une approche dichotomique avec de grandes thématiques pour son « autre histoire », comme l'indique le sous-titre. Les 16 chapitres du livre traitent de la démocratie et de la dictature, des États forts et défaillants, des expulsions et de la mobilité, mais aussi du savoir, de l'analphabétisme, du bonheur amoureux ou encore de l'inégalité des sexes.

« *Monde en conflit* est une analyse approfondie du XXe siècle de son début à sa fin, non seulement à travers des thèmes tels que la guerre et la paix, ou la faim et la prospérité, mais aussi dans les domaines culturels, l'histoire des mentalités, etc. »

L'auteur introduit chaque chapitre par des citations et des aphorismes frappants, un avant-goût des explications qui suivent. La sélection est originale, mais relève parfois de choix arbitraires, par exemple lorsque Che Guevara rencontre l'acteur Karlheinz Böhm, Staline et Ludwig Erhard, ou encore Hindenburg et le gourou Bhagwan.

L'histoire du monde présentée de manière eurocentrique

Esquisser un siècle sur 370 pages, c'est sélectionner, résumer, se limiter, omettre. Et cela suscite inévitablement des critiques. Edgar Wolfrum concède que son interprétation est eurocentrique, mais cela signifie-t-il pour autant qu'il renonce aux événements significatifs qui se sont produits dans le reste du monde ? Il y a des passages impressionnants sur les bouleversements en Amérique latine ou le rôle des femmes en Afghanistan, mais le lecteur pourra chercher en vain le conflit au Proche-Orient. Le discours légendaire de John F. Kennedy devant l'hôtel de ville de Schöneberg, ou la visite de Che Guevara sur la tombe de Staline, ne peuvent pas manquer, ni les soulèvements en Europe de l'Est, que ce soit à Berlin-Est en 1953, à Budapest en 1956 ou à Prague en 1968. « Je pense qu'il est légitime de résumer et d'élaborer son récit au sein de cette réduction. Mais aucun historien ne saurait dépeindre la totalité de l'histoire, tout le monde doit choisir et omettre. »

Le récit de Edgar Wolfrum dessine un « monde en conflit », une époque de développements contradictoires et opposés. Il se réfère ainsi à la formule de Ernst Bloch sur « la simultanéité des non-simultanés ». L'auteur réfute les tentatives de décrire la seconde moitié du XXe siècle comme un processus progressif de paix et de civilisation, comme si l'humanité avait retenu pour toujours les leçons des guerres mondiales et des génocides passé

Wolfrum ne croit pas au progrès à travers l'histoire

En 1992, le politologue américain Francis Fukuyama ne parlait pas de « fin de l'histoire » pour rien. Wolfrum rejette ces idées qui croient au progrès, malgré l'explosion de la prospérité, la faim sévit toujours dans de nombreuses régions du globe. Alors que le tourisme de masse représente désormais un milliard de voyages par an, la migration de la pauvreté au sein du dit Tiers monde augmente en même temps. La circulation supposée illimitée des biens, des données et des personnes est bloquée et empêchée par plus d'obstacles que jamais auparavant dans le monde. La vision d'une Europe libre et unie vole en éclats, aux frontières extérieures de la « Forteresse Europe » et de la recrudescence de mouvements nationalistes et populistes.

« Aujourd'hui, on voit effectivement bien plus clair que dans les années 1980, ou vers 2004 avec l'élargissement à l'est, que les nations jouent un rôle beaucoup plus important que ce qu'on avait imaginé depuis longtemps, car tout le monde croyait que la nation deviendrait supranationale et se dissoudrait dans un processus européen ou l'ONU. » Le point de vue de Edgar Wolfrum sur la fin du XXe siècle est – comment pourrait-il en être autrement – ambigu. Le bilan donne à réfléchir. Le nationalisme pointe sa tête partout. La mondialisation, le rapprochement du monde dans les domaines les plus divers, semble avoir fait marche arrière. L'idée de guerre tourbillonne dans l'esprit de nombreux dirigeants mondiaux. La situation sécuritaire mondiale est plus critique que jamais, depuis la fin de la guerre froide.

Mais tout cela est éclipsé par le changement climatique. Depuis le début du siècle, le nombre d'individus touchés se chiffre à plus d'un milliard et, selon les prévisions, nous compterons 200 millions de réfugiés climatiques en 2050. « Le grand problème auquel nous serons confrontés au XXIe siècle sera le changement climatique. Et quand on parle de réfugiés aujourd'hui, on ne songe même pas au nombre de réfugiés climatiques qu'on aura dans 20, 30 ou 50 ans. »

Dans ce chapitre, nous avons donc traversé le temps et nous sommes arrêtés sur les différentes époques qui ont sculpté le monde d'aujourd'hui. Il est surtout très intéressant de voir que chaque nouvelle ère est précédée de grands événements. En 2020 par exemple, la Covid aura marqué de nombreuses personnes, certaines d'entre elles pensant même que la fin du monde était venue. Cependant, si nous regardons la période de la Première Guerre mondiale, là aussi, des familles semblables à la mienne, ou à la vôtre se sont probablement senties « proches de la fin ». Il est en conséquence important de relativiser, de s'informer sur l'histoire passée pour améliorer les temps futurs, où nous attendent désormais des enjeux climatiques.

Chapitre 4

L'économie

Dans ce chapitre, nous allons nous intéresser à l'histoire de l'économie et à la façon dont celle-ci a façonné le monde d'aujourd'hui. Nous allons d'abord nous intéresser à ses origines, en partant de la notion de chasseur-cueilleur. Nous nous intéresserons aussi aux deux systèmes, capitalisme et communisme, pour mieux saisir l'économie de certains pays. Ensuite, nous verrons en détail la crise économique de 1929 et l'économie d'après-guerre. À la fin du chapitre, nous nous intéresserons aux crypto-monnaies. Bonne lecture !

L'économie sur la ligne du temps

Entre -10000 et -3000 : la révolution néolithique	La révolution néolithique correspond à la naissance de la notion « d'abondance », née d'une surproduction agricole.
-1700 : naissance du droit commercial, le Code de Hammurabi	La création d'institutions apparaît comme une évidence pour encadrer l'activité économique, dès lors que celle-ci prend de l'envergure. En témoigne le plus ancien texte de droit civil et commercial connu, le Code de Hammurabi, roi de Babylone.

-814 à 476 : Carthage, carrefour de l'économie méditerra- néenne	Du Xe au VIIe siècle avant notre ère, les Phéniciens unifient le commerce méditerra- néen et créent comptoirs et colonies, dont Carthage est la terre-mère. Ils sont à l'ori- gine d'une économie mondiale dont les peuples grecs et romains hériteront.
-221 : l'aube de l'empire du Milieu	En -221, nous assistons à la naissance d'un empire chinois central, qui va agrandir son territoire et créer sa propre économie mondiale.
762 : Bagdad au cœur de l'économie musulmane	Fondée en 762, la ville de Bagdad devient le centre de l'empire musulman du VIIIe au Xe siècle. Elle est le foyer des savoirs an- tiques et des échanges eurasiatiques.
1158-1167 : les origines du capita- lisme, les ci- tés-États	Lors de la seconde moitié du XIIe siècle, la Ligue lombarde et la Hanse germanique re- présentent l'essor des cités marchandes. Deux exemples de villes rebelles qui ne se plient pas au pouvoir politique des princes.
1474 : l'in- vention du brevet à Ve- nise	La première démarche sur la légalisation des brevets voit le jour à Venise en 1474. Elle a pour objectif de promouvoir les pro- ductions et exportations vénitiennes, mais aussi de limiter les importations.

1498 : la première mondialisation européenne	Dans le contexte du premier périple de Vasco de Gama en 1498 et sa découverte de la route des Indes par le cap de Bonne-Espérance, le Portugal donne l'impulsion d'un mouvement d'expansion de l'économie européenne aux autres continents.
Vers 1550 : la proto-industrialisation	Certaines industries rurales ont participé à l'industrialisation de l'économie. Aujourd'hui, cette proto-industrie est toujours un sujet de débats sur les systèmes productifs locaux et le développement.
1602 : la création de la Compagnie des Indes orientales	Fondée au début du XVIIe siècle, la Compagnie des Indes orientales illustre la domination des Provinces-Unies dans la première phase de l'expansion du capitalisme. Amsterdam devient, non sans le vouloir, le centre de la mondialisation.
Autour de 1700 : la révolution agricole européenne	Des théories émergent pour affirmer que le développement économique d'un pays est toujours précédé d'une révolution agricole. C'est d'ailleurs ce que se demandent les pays du Sud actuellement. L'exemple européen du XVIIIe siècle peut apporter des éléments de réponse.

1769-1771 : le « take-off » de la révolution industrielle	En 1769, James Watt dépose le brevet de sa machine à vapeur. Deux ans plus tard, Richard Arkwright ouvre la première filature de coton moderne. Deux moments qui marqueront à jamais les débuts de la révolution industrielle.
1830 : l'ère coloniale arrive	La France colonise l'Algérie à partir de 1830 et ouvre une voie qui devient systématique pour les puissances capitalistes qui veulent atteindre les pays du Sud.
1846 : la fin des Corn Laws	La suppression des droits de douane sur le blé symbolise le libre-échange prôné outre-Manche. Une vague libérale traverse ensuite les pays industriels.
1848-1865 : l'abolition de l'esclavage en France et aux États-Unis	Afin que la France abolisse l'esclavage en 1848, les abolitionnistes ont dû étayer leurs protestations morales d'arguments économiques, prouvant par la même occasion l'inefficacité de l'asservissement de l'homme par l'homme.
1866 : le premier câble télégraphique transatlantique voit le jour	Naissance du câble télégraphique transatlantique en 1866, brevet du téléphone en 1876, première liaison radio à travers la Manche en 1899... Ce sont toutes des technologies qui ont, sans en être les principaux facteurs, favorisé et étendu la mondialisation de 1880-1914.

1867 : la naissance des multinationales industrielles	L'installation en Écosse d'une succursale de la firme américaine Singer représente le début de l'expansion des multinationales à la conquête de nouveaux marchés internationaux.
1868 : l'industrialisation nationaliste de l'ère Meiji	En janvier 1868, un putsch militaire est le signe déclencheur au Japon d'une modernisation économique qui vise à asseoir l'indépendance et la puissance du pays face à la colonisation européenne. Ce fut un succès.
1903 : la naissance du fordisme	Au début du siècle dernier, Henry Ford fondait la Ford Motor Company, puis créait un modèle d'organisation permettant de lier la production et la consommation de masse.
1914-1971 : LEADERSHIP AMÉRICAIN	
1917 : la révolution russe, foyer d'un modèle anticapitaliste	Avec la naissance de l'URSS, l'idéal prôné par les socialistes du début du XXᵉ siècle se trouve dissous au profit d'une dictature. Pourtant, durant trois quarts de siècle, pour les peuples du Nord comme ceux du Sud, le système soviétique apparaît comme une alternative possible au capitalisme.

1929 : la Grande Dépression	Le krach de Wall Street en 1929 est le commencement de la plus grande crise économique du XXe siècle. Il en sortira un nouveau mode de régulation de type keynésien, en rapport avec le célèbre John Maynard Keynes, qui axe son modèle sur une intervention forte de l'État.
1944-1947 : les accords de Bretton Woods et le Gatt	Les accords de Bretton Woods et le Gatt sont nés d'un rapport de force favorable aux États-Unis. Ils marquent le sacre du dollar.
1944 : la naissance des États sociaux en Europe	Au terme de la Seconde Guerre mondiale, des systèmes de protection sociale se mettent en place partout en Europe, avec des spécificités individuelles. En France, il est caractérisé par la place centrale qu'y occupe l'État.
1945-1952 : le plan Marshall	Durant la guerre froide, le plan Marshall fut un bon moyen pour remettre l'Europe de l'Ouest sur pied sous le leadership américain.
1955 : Bandung et l'apparition du Tiers-monde	Durant la conférence de Bandung, les pays venant de la décolonisation ont voulu s'affirmer indépendamment des blocs de l'Est et de l'Ouest. Leur intention était d'avoir aussi accès au développement. Cela conduit à une répartition inégale selon les zones géographiques.

1957 : le marché Européen voit le jour	En 1957, la France, l'Allemagne, l'Italie et le Benelux créaient une union économique, à défaut d'être politique.
1971-2018 : MONDIALISATION ET CRISES	
1971 : la fin de la convertibilité en or du dollar	Le président américain Richard Nixon décide de mettre fin à la possibilité de convertir l'or et le dollar, signant la fin du système de Bretton Woods créé en 1944. La libéralisation financière, en marche depuis la fin des années 1950, connaît alors une accélération et sera un élément déclencheur de la mondialisation contemporaine.
1973 : le premier choc pétrolier	Le premier choc pétrolier plaçait l'or noir au cœur de l'actualité géopolitique et géoéconomique. Le pétrole n'a pas été un long fleuve tranquille durant ses années phares, et a commencé à poser la question des ressources ainsi que celle de ses bienfaits ou méfaits pour l'environnement et le développement durable.
1976 : la troisième révolution technologique	Les innovations apportées aux technologies de l'information et de la communication depuis la fin du XXe siècle marquent une nouvelle ère riche en bouleversements majeurs, autant pour les entreprises que pour les salariés.

1978 : Chine, le grand bond en avant économique	Lorsque Deng Xiaoping arrive au pouvoir, la politique économique de la Chine effectue un virage qui la transformera en ce qu'elle est aujourd'hui, à savoir un élément majeur de la mondialisation capitaliste, sous la direction du Parti communiste.
1991 : de l'URSS à la Russie	Deux ans après la chute du mur de Berlin et l'éclatement du pacte de Varsovie, l'URSS disparaît officiellement en décembre 1991. C'est un moment décisif dans l'évolution de la mondialisation capitaliste.
9 Août 2007 : « subprimes » et zone euro	La crise des subprimes, plus communément appelés crédits immobiliers à haut risque, arrive aux États-Unis en août 2007. Elle se transforme un an plus tard en crise financière mondiale.
12 décembre 2015 : COP21, un espoir pour le climat à Paris	Un accord sur le climat est adopté dans la Ville Lumière fin 2015. Bien qu'ambitieux sur le long terme, il n'oblige aucune accélération des efforts environnementaux à court terme et repose sur la bonne volonté des États.
2016 : après le Brexit, l'Europe doit repenser l'Union	Le 23 juin 2016, les Britanniques votent la sortie de l'Union européenne. Un symbole fort pour le futur de la cohésion entre les vingt-sept pays membres.

Mars 2018 : retour supposé du protectionnisme	C'est en tout cas le débat que provoque l'illustre Donald Trump, 45e président des États-Unis, en voulant taxer les importations d'aluminium et d'acier. Cette offensive protectionniste a pour but d'obtenir d'importantes contreparties des différents partenaires pour rééquilibrer la balance commerciale américaine.
2050 : 11 milliards d'humains peupleront notre planète	En cinquante ans, la population mondiale a plus que doublé et devrait encore augmenter de moitié d'ici à la fin du siècle. Cette croissance n'est pas sans conséquence.

Définition de l'économie

Selon le dictionnaire, l'économie est « l'ensemble des activités humaines qui consistent à produire, échanger (vendre et acheter), transporter, et distribuer (vendre au détail) des biens et des services. L'économie peut également être définie comme la science qui étudie l'ensemble des phénomènes concernant, dans une société, la production (fabrication), la distribution (commerce) et la consommation des produits (biens matériels : stylos, voitures, livres, ordinateurs, vaisselle, bijoux, téléphones, bâtiments, terrains, etc., ou services : taxi, coiffeur, logiciels, applications et forfaits téléphoniques, etc.), et des ressources (matières premières : bois, nourriture, roches, etc.). L'économie étudie la création et la répartition des richesses et des ressources rares. L'économiste est le spécialiste de l'économie. Le terme économie vient du grec oikos, qui signifie « tenir la maison », au sens large.

L'économie, en tant que science, est née à la fin du XVIIIe siècle sous la volonté de Adam Smith, de David Ricardo, de John Stuart Mill et de Alfred Marshall. Les entrepreneurs d'antan se posaient bien sûr des questions liées à leur propre commerce, mais aucun ne se questionnait sur l'économie globale, notamment parce que les richesses étaient réparties directement par le monarque, plutôt que par le marché. Nous pouvons présenter l'économie en la scindant en trois parties :

Le secteur primaire, l'exploitation directe de matières. C'est le domaine de production des matières non transformées, agriculture, pêche, extraction des minéraux, etc.

Le secteur secondaire, l'industrie. Le domaine de production et de confection des matières transformées, métallurgie, textile, raffineries, etc.

Le secteur tertiaire, les services : c'est un domaine d'activités non productives qui ne sont pas liées à la fabrication des biens de consommation. Elles sont appelées services et englobent l'éducation (enseignants), la santé (médecins et soignants), le transport (chauffeurs de taxi), les communications (La Poste), la sécurité (police), etc.

L'économie est une science humaine dans laquelle des théories radicalement opposées coexistent, telles que le keynésianisme, le libéralisme, le marxisme, etc.

La microéconomie est l'étude des comportements individuels et des interactions entre les individus sur le marché. La macroéconomie est, quant à elle, l'étude de l'économie dans son ensemble, notamment de la politique économique, de l'inflation, du chômage, etc.

L'économie positive rassemble les explications objectives ou scientifiques sur le fonctionnement de l'économie.

L'économie normative essaie d'établir comment l'économie mondiale devrait être. C'est une science récente dont nous ne connaissons pas encore tous les principes et dans laquelle la prise de position est importante.

Les chasseurs-cueilleurs

Nous pourrions affirmer que l'économie a toujours existé. À l'époque de l'agriculture, qui n'est apparue qu'au Néolithique vers 8000 avant notre ère, les hommes étaient tous des chasseurs-cueilleurs, c'est-à-dire qu'ils vivaient des animaux qu'ils chassaient et des plantes qu'ils cueillaient. Les chasseurs-cueilleurs chassaient à plusieurs, généralement en petits groupes d'environ cinq personnes. Ils chassaient pour se nourrir et pour récupérer la peau des animaux. Les plantes, les racines et les fruits que ces chasseurs-cueilleurs récoltaient, étaient des sources de vitamines.

Les chasseurs-cueilleurs se déplaçaient en petits groupes, vivaient sous des rudiments de tentes. Nous disons qu'ils étaient nomades, car ils changeaient souvent de lieu de vie. Ils allaient simplement là où ils trouvaient à manger. Les premiers chasseurs-cueilleurs vivaient à quinze personnes environ, sous un même « toit ». Aujourd'hui, ce mode de vie a pratiquement disparu et a été remplacé par l'agriculture. Il existe cependant encore quelques peuplades isolées de chasseurs-cueilleurs dans certaines régions du monde.

Le capitalisme

Le capitalisme est un système économique de production et d'échange de biens et de services. Il est souvent opposé au communisme. Le capitalisme se définit par la propriété privée des moyens de production, c'est-à-dire que ceux-ci sont propriétés des entreprises, qui elles-mêmes appartiennent à un individu, à une famille ou à plusieurs actionnaires. Le capitalisme est aussi marqué par la recherche du profit, autrement dit de la récompense financière pour ceux qui apportent les capitaux nécessaires à l'entreprise.

Dans le capitalisme, se trouve aussi la notion de liberté. Celle, par exemple, de créer une entreprise peu importe le risque. Généralement, le capitalisme est régi par la réglementation de l'État. Le capitalisme a pris racine en Europe à l'époque des grandes découvertes. C'était alors avant tout un capitalisme commercial. Les capitaux et l'épargne privée sont investis dans des usines à partir du XVIIIe, et majoritairement au XIXe siècle, d'abord au Royaume-Uni, puis dans tout le monde occidental. Le capitalisme industriel a, quant à lui, permis la production de masse des objets et la baisse de leurs prix, mais il a par ailleurs détruit l'artisanat qui fabriquait jusqu'alors les objets de consommation quotidienne. À la fin du XIXe et au XXe siècle, les entreprises réclamant de plus en plus de capitaux, font appel massivement aux banques et aux investisseurs boursiers.

C'est le capitalisme financier tel que nous le connaissons aujourd'hui, et qui s'est considérablement développé après la Seconde Guerre mondiale. De nos jours, les propriétaires confient la direction des entreprises à des ingénieurs ou des experts financiers, qui peuvent à la fois être salariés et actionnaires. Ils recherchent toujours le profit maximum en tentant de réduire les coûts. Le capitalisme a été fortement combattu par Karl Marx, théoricien et philosophe communiste allemand du XIXe siècle. De nos jours, l'économie capitaliste est la plus répandue dans le monde, mais avec des formes qui peuvent varier d'un pays à l'autre, par exemple en fonction du niveau d'intervention de l'État dans l'économie.

Le communisme

Le terme « communisme » vient du mot latin communis, qui signifie « ensemble ». Le communisme a une certaine idée de ce à quoi devrait ressembler une société humaine idéale, tous les peuples devraient avoir en commun ce qui est nécessaire à leur subsistance. C'est ce que nous appelons les « moyens de production ». Cela comprend, par exemple, l'équipement et les machines, mais aussi la terre sur laquelle le blé, les légumes et autres sont plantés. Les animaux desquels les gens vivent en font également partie, tout comme les maisons. Selon cette idée, qui existait déjà dans l'Antiquité, toutes les choses qui sont produites ensemble doivent pareillement être équitablement distribuées. En tant que doctrine politique, le communisme est apparu au XIXe siècle quand l'industrialisation a débuté. À cette époque, de plus en plus de personnes devaient travailler dans les usines pour de faibles revenus. Ceux qui possédaient les machines et les usines étaient appelés « capitalistes ». Ils n'ont cessé de s'enrichir, mais sans faire participer les ouvriers à cette prospérité.

Karl Marx (1818-1883) était le représentant le plus important des idées communistes. Il a pensé à la manière dont l'économie et le progrès technique pourraient être rendus équitables. Dans son livre Le Manifeste du Parti communiste, Karl Marx appelle à mettre fin à « l'exploitation de l'homme par l'homme

», la propriété privée des moyens de production doit être abolie, le progrès technologique devrait profiter à tous, et non seulement à quelques-uns. De cette façon, tôt ou tard, une société sans classes émergerait, une société dans laquelle tout le monde aurait des droits égaux. Aucun groupe particulier de la société ne serait favorisé. Appelées « marxisme », les idées de base de Marx et Engels ont été développées par d'autres penseurs, par exemple Vladimir Ilitch Lénine.

Au XXe siècle, ces idées ont formé la base de diverses formes de gouvernement politique. Après la fameuse révolution d'octobre de 1917 en Russie, dans laquelle Lénine a joué un rôle de premier plan, un État ainsi qu'un ordre social ont émergé en Union soviétique, lesquels avaient comme objectif ultime, l'établissement d'une société communiste. Pour fonder une telle société, le socialisme devait être compris comme une étape préliminaire. En réalité, il y avait dans les États communistes une politique arbitraire de terreur et de terribles injustices. Sous la dictature de l'Union soviétique, qui était l'une des plus grandes puissances communistes, plusieurs millions de personnes ont perdu la vie parce qu'elles n'étaient pas d'accord avec les dirigeants. Outre l'Union soviétique, de nombreux autres pays ont tenté, de différentes manières, de parvenir au communisme. Avec la fin de l'Union soviétique en 1991, l'idée du communisme, en tant que système politique, a largement perdu de son importance. La République populaire de Chine a adopté les idées du communisme, mais a changé beaucoup de choses dans sa pratique politique.

La crise de 1929

La crise de 1929 est aussi appelée la « Grande Dépression ». Quand une crise économique ne se limite pas à un seul État et affecte plusieurs puissances économiques importantes, nous parlons de « crise économique mondiale ». Une crise comme celle-ci peut consister, par exemple, en un taux de chômage élevé. Les gens n'ont alors pas assez d'argent pour consommer, et plus rien ne peut être fabriqué. En termes économiques, nous disons que le cycle entre la production et la consommation est donc perturbé, provoquant ainsi une crise. Lorsque les Allemands parlent de crise économique mondiale, ils font en général référence à la période entre 1929 et 1933.

Lors du fameux « Black Friday », le 25 octobre 1929, les valeurs des actions dans le monde ont chuté très brusquement, provoquant ainsi un « krach boursier ». L'argent que de nombreuses personnes avaient investi dans des actions et des obligations a soudainement perdu de sa valeur. La crise s'est rapidement propagée dans le monde entier, touchant notamment les États-Unis et l'Allemagne. À son paroxysme, environ trente millions de personnes ont perdu leur emploi et de multiples entreprises et banques ont fait faillite. Cela a posé de gros problèmes à l'Allemagne, mais à bien d'autres pays également. L'économie a été fortement affectée et de multiples personnes ont tout perdu. Les nationaux-socialistes ont ainsi gagné de plus en plus de soutien populaire, car les gens espéraient sortir du chaos et du chômage, grâce à eux.

L'économie d'après-guerre et les crises économiques

À cette époque, les marchés financiers ont été confrontés à l'incertitude et à des pics de volatilité. Source de ces perturbations, la Seconde Guerre mondiale et l'après-guerre. Les années 1940 sont la seule période de l'histoire moderne où les autorités gouvernementales ont augmenté les dépenses budgétaires. En effet, dans les années 1920, le budget était à l'équilibre, l'endettement était sous contrôle et la Fed (Federal Reserve System, système de réserve fédérale) avait augmenté les taux d'intérêts. Les politiques keynésiennes n'ont d'ailleurs été adoptées par les autorités gouvernementales, à travers le monde, qu'à partir des années 1930. Lors de la crise des années 1970, le déficit budgétaire est resté inférieur à 1 % du PIB jusqu'en 1974. Ce n'est qu'après 1983 que ce dernier a dépassé de manière prolongée le seuil des 4 %.

La Seconde Guerre mondiale s'est révélée très coûteuse, creusant les déficits et les dettes. En 1940, le déficit budgétaire américain était de 3 % du PIB avant de tomber à -13,9 % en 1942 et -29,3 % en 1943. Dans le même laps de temps, la dette nationale était passée de 3 à 64 milliards de dollars. Les crises sanitaires ont également débouché sur des déficits et endettements conséquents. La Réserve fédérale des États-Unis a mis en place une politique monétaire, résolument expansive, en baissant les taux d'intérêt et en recourant à un assouplissement quantitatif, et ce, afin de stimuler le rebond économique ainsi que de tenter de soutenir les marchés financiers. Lors de la Seconde Guerre mondiale, la Fed n'a pas hésité à recourir à des méthodes peu orthodoxes, telles que le contrôle de la courbe de rendements des obligations d'État (Yield Curve Control) en mettant en place une politique visant à alléger la charge d'intérêt de l'État américain, confronté à l'explosion de la dette et des déficits budgétaires. Ce n'est qu'en 1951 que la Réserve fédérale a pu renouer avec une politique monétaire « normale ».

De plus, durant les années 1940, nous assistons à la forte croissance de la demande de biens durables, ainsi qu'à des pénuries observées en sortie de crise. Les restrictions mises en place pendant la Seconde Guerre mondiale ont amené les ménages à accumuler une épargne excédentaire importante. Le taux d'épargne des ménages américains avait atteint un niveau de 27 % du revenu annuel, un niveau quatre fois supérieur à celui qui prévalait avant la guerre. Passé l'armistice, les ménages ont puisé dans leur épargne, ce qui a entraîné une très forte hausse de la demande. Du côté de l'offre, de nombreuses chaînes d'assemblage avaient subi de fortes perturbations, car le gouvernement américain avait demandé aux usines de privilégier la production d'armes de guerre, bombes, chars, etc. Il en avait résulté des pénuries de biens durables, une situation exacerbée par la forte reprise de la demande, une fois la guerre terminée. Ce double choc, hausse de la demande et goulets d'étranglement au niveau de l'offre, avait entraîné une série de pics inflationnistes pendant les années 1940. La relance fiscale a eu des conséquences très positives sur la croissance alors que le double choc de la hausse de la demande et de la restriction de l'offre avait débouché sur une forte hausse de l'inflation. Dans des circonstances normales, une telle poussée inflationniste aurait entraîné des tensions importantes sur les rendements obligataires.

Toutefois, cédant à la pression du Trésor américain, la Réserve fédérale avait plafonné les rendements des obligations d'État à long terme à 2,5 %, et ce, jusqu'au printemps 1951. Par conséquent, les taux d'intérêt réels, c'est-à-dire corrigés de l'inflation, sont devenus fortement négatifs dans les années

1940, ce qui a permis le désendettement progressif du gouvernement puis la stabilisation des marchés financiers. En effet, ces taux réels négatifs ont également encouragé l'achat d'actifs risqués tels que des actions puis des obligations de moindre qualité. Les investisseurs n'avaient, en effet, pas d'autre choix, pour obtenir un rendement réel positif. Entre 1941 et 1945, le taux de croissance du PIB réel, Produit Intérieur Brut, aux États-Unis, a crû en moyenne de 12 %. À noter que les dernières estimations de l'Atlanta Fed NowCast indiquent une croissance annuelle proche de 9 % du PIB réel au quatrième trimestre. Il existe une probabilité élevée qu'une expansion importante de la base monétaire dans une période de forte croissance entraîne une hausse de l'inflation, à l'exception du Japon qui continue de payer les erreurs de sa politique monétaire.

Économie pendant la guerre froide

Dans les années qui précèdent la construction du mur, la situation économique de la RDA, République démocratique allemande, était assez tendue. Une raison importante à cela était le système économique et social centralisé de la RDA. Celui-ci ne pouvait pas répondre aux désirs et aux demandes des gens. Tout le pouvoir de décision était entre les mains du seul parti au pouvoir, le SED, Parti socialiste unifié d'Allemagne. Leurs dirigeants se sont révélés incapables de faire passer les réformes dont le peuple avait besoin. Lorsque les ouvriers ont réclamé de meilleures conditions de travail le 17 juin 1953, ils ont été réprimés. En République fédérale d'Allemagne, RFA, il y avait une démocratie et une économie sociale de marché. Dans les années 1950, le boom économique a fait que le niveau de vie s'est rapidement amélioré. De nombreux citoyens de la RDA voulaient également la liberté et la prospérité. Dans les années entre la fondation de la RDA et la construction du mur de Berlin, 2,7 millions de personnes ont fui de la RDA vers la RFA. En RDA, cette « fuite de la République » était un crime passible d'emprisonnement, mais de nombreuses personnes ne furent pas découragées pour autant.

Les cryptomonnaies et la blockchain

C'est le sujet incontournable de ces dernières années, le moindre petit apéritif donne l'occasion d'en parler. Si vous n'avez jamais vraiment bien compris, les informations ci-dessous vont probablement vous être utiles.

Les cryptomonnaies

En quelques mots, nous pourrions dire que le Bitcoin est une monnaie virtuelle, elle n'est pas tangible, c'est-à-dire que nous ne pouvons pas la toucher. Nous pouvons résumer sa fonction sur Internet à un « moyen de paiement dématérialisé ». Le Bitcoin s'inscrit comme la première cryptomonnaie au monde et a ouvert la voie à de nombreuses autres monnaies virtuelles. Malgré son lot de nouveautés et d'avantages, la monnaie virtuelle est aussi accompagnée de risques.

C'est pourquoi il fallait plus que tout protéger les transactions, les échanges de monnaie, et en conséquence, développer des solutions informatiques adéquates. La blockchain a été créée dans ce but. C'est une technologie numérique, que nous pourrions simplement qualifier d'outil, un moyen sûr pour stocker les données et les informations. En effet, comme vous devez le savoir, l'économie repose sur la confiance et les détenteurs de monnaies virtuelles ont en conséquence besoin d'avoir confiance en leurs transactions et leurs échanges.

Sur Internet, il faut protéger les informations des différents échanges pour éviter le piratage. Le terme « blockchain » désigne un ensemble de transactions. Chaque bloc mémorise les informations grâce à son « hash ». C'est l'empreinte du bloc qui le caractérise. Le hash contient toutes les spécificités du bloc. La chaîne de blocs formée est appelée la blockchain. Plutôt simple, n'est-ce pas ?

Fonctionnement de la blockchain

Les « blocs » sont des sortes de boucliers enregistrés sur les ordinateurs pouvant être stockés sur un simple ordinateur domestique. Ces ordinateurs forment des « nœuds » qui gardent en sécurité les informations. Un réseau composé d'une multitude d'ordinateurs, suffisamment pour que les informations deviennent difficiles à pirater ou à falsifier. Toutes les transactions sont signées grâce à une signature électronique composée de chiffres qui cryptent le message initial et le rendent anonyme. Nous utilisons souvent l'image d'une grande toile d'araignée pour l'expliquer simplement. Plus il y a de blocs, plus il y a de personnes sur la blockchain, et donc plus elle est sécurisée. Aujourd'hui, si nous voulons acheter quelque chose, nous devons normalement passer par notre banque qui va vérifier que vous disposez effectivement du montant adéquat sur votre compte.

Avec la blockchain, il n'y a désormais plus de banques, mais plusieurs tierces personnes. Il y a différents nœuds de stockage, représentés par l'ensemble des membres du réseau. La blockchain est liée aux cryptomonnaies parce qu'elle permet de transférer de l'argent de manière « sécurisée », sans avoir besoin de banque. La blockchain permet de sécuriser ces informations et d'assurer que l'argent arrive à bon port. Certains parlent de révolution technologique et économique grâce à cet outil, d'autres prédisent qu'elle modifiera notre rapport au monde comme Internet l'a fait dans les années 1990. Enfin, la blockchain offre la particularité de partager des informations entre les utilisateurs. Elle présente alors des transactions transparentes, infalsifiables et sécurisées. Au lieu d'avoir un serveur unique géré par une seule entreprise pour stocker des données, la blockchain permet de connecter plusieurs ordinateurs de particuliers, afin de créer des nœuds relais. Il n'existe pas d'organe unique de contrôle, mais un contrôle partagé par les utilisateurs du réseau. Mais en 2022, les journaux titraient que le casse du siècle venait d'avoir lieu sur la Blockchain, plus de 600 millions de dollars auraient été dérobés !

Les NFT

Toujours sur la lancée des monnaies virtuelles, ce sont maintenant les œuvres d'art virtuelles qui ont le vent en poupe. NFT est l'acronyme de « Non-Fungible Token », ou « jeton non fongible » en français. Un NFT permet de certifier, d'acheter et de vendre des objets numériques, œuvres d'art, images, sons, tweets, etc. Les NFT sont stockés sur une blockchain, technologie permettant d'entreposer et de transmettre des informations de manière décentralisée et sécurisée. La caractéristique non fongible du jeton signifie qu'il est unique. Autrement dit, ce n'est pas comme un billet de dix euros que vous échangeriez contre n'importe quel autre billet du même montant.

Un certificat d'authenticité est associé au jeton, qui équivaut alors à un titre de propriété numérique. En effet, lorsqu'une personne achète un NFT, ce n'est pas l'objet même qu'elle acquiert, mais des données qui prouvent qu'elle en est propriétaire. « Les acquéreurs n'achètent pas les droits, la marque, ni même la possession unique de ce qu'ils paient. Ils achètent les droits de se vanter, et le fait de savoir que leur copie est « l'authentique » », précise un article du New York Times. Ainsi, bien qu'une personne ait acheté le même Nyan Cat pour un peu plus de 500 000 dollars en février 2022, rien n'empêche les internautes de le diffuser. Les NFT introduisent la notion de rareté, ce qui est susceptible de produire de la valeur. Les NFT n'ont rien de nouveau, les premiers remontant à 2016 avec les cartes Rare Pepe, basées sur le mème, Pepe the Frog. Toutefois, en termes de popularité, nous évoquons plutôt le jeu CryptoKitties, lancé fin 2017 par le studio Dapper Labs. Dans celui-ci, les utilisateurs pouvaient élever, échanger et vendre des chatons virtuels à l'aide de la cryptomonnaie Ether. Le plus cher a été vendu 600 ethers en 2018, soit l'équivalent de 180 000 dollars. La nouveauté est donc à chercher du côté de la popularité du concept, œuvres d'art, jeux, paires de chaussures, musique, luxe… Nous pouvons acheter toutes sortes de choses.

En France, le quotidien gratuit 20 Minutes a transformé l'un de ses suppléments en jeton non fongible pour le vendre aux enchères en octobre 2021, dans le but « d'interroger la valeur d'une information ». TikTok a, peu de temps après, annoncé la mise en vente d'une collection de NFT basée sur des TikToks devenus cultes. Les Non-Fungible Tokens sont aussi très présents sur le marché de l'art contemporain. Actuellement, l'œuvre numérique qui s'est vendue le plus cher est « Everydays: The First 5000 Days » de l'artiste Beeple, pour 69,3 millions de dollars. Avec cet engouement, se pose la question de qui peut créer un NFT. La réponse tient en trois mots... Tout le monde ! Il est seulement nécessaire de passer par l'une des plateformes spécialisées comme Rarible ou OpenSea, sur laquelle le fichier qui deviendra un NFT sera téléchargé. Il faudra, en revanche, payer des frais pour valider les transactions sur la blockchain. Le créateur pourra ensuite vendre l'œuvre virtuelle sur ces mêmes plateformes.

Après la lecture de ce chapitre, vous avez probablement rattrapé tout le retard accumulé lorsque vous séchiez les cours d'économie. Vous pouvez dorénavant briller en société et étonner vos collègues lors de la prochaine pause-café. Vous êtes aussi à même d'investir dans des monnaies virtuelles, le Bitcoin n'ayant plus de secrets pour vous.

Chapitre 5

La politique et la société

Dans ce chapitre, nous allons nous intéresser à la définition de la démocratie, aux régimes totalitaires, aux différents gouvernements, aux différents conflits qui secouent le monde, à l'OTAN, au G20 et à l'Union européenne. En fin de chapitre, nous verrons aussi les différents débats sociétaux de ces dernières années, tels que le féminisme ou la peine de mort.

La démocratie

Le terme « démocratie » vient du grec et signifie « gouvernement par le peuple ». Cette forme de gouvernement est en vigueur en Allemagne depuis 1949, mais elle y a également existé de 1918 à 1933. En France, république et démocratie sont étroitement liées, la Ire République ayant été promulguée en 1792.

Dans une démocratie, tous les citoyens ont les mêmes droits et devoirs. Il n'y a ni empereur, ni roi, ni général au-dessus d'eux. Dans une démocratie, tout le monde est libre d'exprimer ses opinions, de se rencontrer et de s'informer. Différents partis annoncent leurs idées dans des programmes politiques. Dans une démocratie, les citoyens élisent les personnes et partis qui gouverneront pendant un certain temps. Si le gouvernement fait mal son travail, le peuple pourra voter pour un autre gouvernement lors des prochaines élections. Dans une démocratie, tout ce que fait l'État doit être fait selon les règles de la constitution et des lois applicables. Ces règles figurent dans les lois fondamentales de chaque pays démocratique. L'État démocratique est donc un État de droit.

Les régimes totalitaires

Un régime totalitaire est un pouvoir politique qui soumet les citoyens à sa gouvernance. Un tel État tente de contrôler tous les domaines de la vie, travail, famille, éducation, temps libre, etc. C'est-à-dire qu'il exerce un pouvoir total. Ce système n'autorise pas d'autres opinions ni autres partis. Ceux qui tentent de se rebeller contre un système totalitaire sont souvent cruellement persécutés. Tel était le cas par exemple pendant le régime national-socialiste de Adolf Hitler et dans le système communiste de l'Union soviétique sous Joseph Staline. Un système totalitaire est en conséquence l'opposé d'un État démocratique, dans lequel les citoyens sont libres d'exprimer leurs opinions, où des élections libres ont lieu et au sein duquel plusieurs partis peuvent représenter les différentes opinions des citoyens, au sein d'un Parlement. Il existe un classement établi par l'Economist Intelligence Unit des pays respectant le plus la démocratie. Les pays en tête du classement sont la Norvège, l'Islande et la Suède. Les trois derniers sont La République Centrafricaine, le Congo et la Corée du Nord.

Le système électoral français

Les Français élisent directement leur chef d'État. L'élection est gagnée dès le premier tour si un candidat obtient la majorité absolue, c'est-à-dire plus de la moitié de tous les votes. Il est à noter que personne n'a jamais obtenu la majorité absolue au premier tour sous la Ve République, un second tour de scrutin ayant ainsi toujours été nécessaire. Lors du second tour, les électeurs n'ont plus le choix qu'entre deux candidats, ceux ayant obtenu le plus de votes lors du premier tour. Le président français est élu pour cinq ans, avec un maximum de deux mandats consécutifs, selon l'article 6 de la Constitution. Après une pause, il peut se représenter à une nouvelle élection dans le but d'être réélu.

Quelles sont les conditions pour voter en France aujourd'hui ?

Avoir la nationalité française.

Avoir plus de 18 ans.

Être inscrit sur les listes électorales.

Le vote par correspondance est possible pour certains types de scrutins.

À la suite d'élections présidentielles, le président de la République décide de la politique à suivre, il nomme le Premier ministre, c'est-à-dire le chef du gouvernement, préside les réunions du Conseil des ministres et dirige la gestion quotidienne du gouvernement. Le chef de l'État a également la possibilité de dissoudre le Parlement à tout moment et de laisser le peuple se prononcer directement sur les projets de loi.

Le président français a beaucoup de pouvoir et d'influence et porte donc une grande responsabilité au sein de la politique française. Cela est dû au système politique et à son élection directe par les Français. Aucun président n'a réussi à être réélu depuis les élections de 2007. Cependant, en 2022, le président sortant Emmanuel Macron est réélu. Il est attaché à une Union européenne forte. La France est le partenaire le plus proche et le plus important de l'Allemagne, binôme économique prépondérant. Marine Le Pen, en 2022, était la candidate du Rassemblement National, parti d'extrême-droite. C'était la troisième fois qu'elle se présentait à des élections présidentielles. Marine Le Pen est très critique à l'égard de la politique d'immigration menée par la France depuis des décennies.

Les principales tensions politiques de notre siècle

Les Turcs et les Kurdes

Si vous ne savez pas placer le Kurdistan sur une carte, sachez que vous n'êtes pas seul. Ce n'est pas un État souverain, mais « un groupe ethnique estimé à 30 ou 35 millions de personnes ». Leur zone de peuplement, qui s'étend en grande partie sur l'est de la Turquie et à la périphérie de l'Iran, de l'Irak et de la Syrie, est l'une des régions les plus instables du monde. Les Kurdes sont le plus grand groupe ethnique apatride du globe. Ils sont originaires du Moyen-Orient, mais les universitaires et les Kurdes eux-mêmes ne sont pas d'accord sur l'origine exacte de ce groupe ethnique. Leurs croyances diffèrent également. La majorité des Kurdes sont sunnites, mais d'autres religions sont également pratiquées. La seule chose qui est claire, c'est qu'il existe une identité et une langue kurdes communes. Les deux sont probablement apparues au Moyen Âge.

Depuis lors, les Kurdes ont influencé l'histoire de l'Iran, de l'Irak, de la Syrie et de la Turquie modernes de différentes manières.

Bien que les Kurdes aient été influents dans la région, ils ont perdu leurs territoires lorsque l'Empire ottoman a conquis une grande partie des territoires kurdes au XVIe siècle. La défaite du Reich lors de la Première Guerre mondiale s'est également révélée être un revers pour eux. Selon le traité de Sèvres de 1920, l'Empire ottoman devait être dissous et les Alliés promettaient l'autonomie du Kurdistan. Cependant, ce qui ressemblait à une victoire du mouvement national kurde ne s'est jamais concrétisé, le traité n'ayant jamais été ratifié. La Turquie a de nouveau négocié avec les Alliés, mais le traité de Lausanne de 1923, venant remplacer le précédent traité, ne présentait toujours aucun plan pour un Kurdistan autonome.

Depuis lors, les Kurdes ont tenté à plusieurs reprises de fonder leur propre État, mais jusqu'à présent en vain. En Turquie, les Kurdes sont la plus grande minorité ethnique, mais ont longtemps été opprimés par l'État. Jusqu'à il y a quelques années, même l'usage de la langue kurde y était interdit. En raison des tensions, il y a des affrontements répétés entre le mouvement séparatiste et les troupes turques. La lutte armée du PKK contre la Turquie, qui fait rage depuis 1984, a fait aujourd'hui plus de 40 000 victimes, dont la majorité étaient des civils kurdes.

Le conflit s'est ensuite étendu à la Syrie, où les Kurdes constituent également la plus grande minorité ethnique. Là aussi, les Kurdes souffrent depuis longtemps de l'oppression étatique. Pendant la guerre civile, cependant, ils ont pris le contrôle de grandes parties du pays dans le nord de la Syrie, travaillant souvent avec les forces américaines contre l'État islamique. Début octobre 2019, les États-Unis ont retiré leurs troupes de la frontière turco-syrienne, alors que l'armée turque avançait dans les zones syriennes contrôlées par les Kurdes.

Les Kurdes d'Irak ont pareillement subi des décennies de conflits et d'effusions de sang. Au cours de la première guerre du Golfe dans les années 1980, l'Irak a utilisé des agents chimiques contre des civils kurdes et a fait couler beaucoup de sang pour écraser la rébellion. Des dizaines de milliers de Kurdes sont morts et des centaines de milliers ont fui.

Pendant la seconde guerre du Golfe, de 1990 à 1991, 1,5 million de Kurdes ont fui vers la Turquie. Le pays a ensuite fermé ses frontières, laissant les réfugiés kurdes bloqués dans la zone frontalière jusqu'à ce que les forces de la coalition leur créent un refuge sûr. Après la garantie de la protection des Kurdes par l'ONU, l'Irak a autorisé le gouvernement régional du Kurdistan à gouverner une partie du pays en tant que région autonome du Kurdistan.

Conflit entre l'Inde et le Pakistan

L'Inde et le Pakistan sont en désaccord sur la région du Jammu-et-Cachemire. Ces deux pays étaient auparavant gouvernés par le Royaume-Uni et appelés « Inde britannique ». En 1947, les deux pays sont devenus indépendants et ont formé deux États distincts. Au Pakistan, la majorité de la population est musulmane, tandis qu'en Inde, hindouiste. Le dirigeant de l'époque du Jammu-et-Cachemire était hindou et a décidé que les deux régions devaient appartenir à l'Inde, bien que la majorité de la population y soit musulmane, comme au Pakistan. Beaucoup étaient d'avis que le Jammu-et-Cachemire devait donc appartenir au Pakistan et des combattants tribaux soutenus par l'armée pakistanaise sont alors venus du Pakistan pour lutter contre l'armée indienne.

En 1949, l'ONU a envoyé une mission de maintien de la paix dans la région. Le Cachemire est alors divisé, mais l'Inde et le Pakistan ne se contentèrent pas de cette situation, car tous deux voulaient la totalité de la région. L'ONU a appelé à un référendum afin que les populations puissent décider elles-mêmes à quelle puissance devrait appartenir le Cachemire, mais l'Inde n'a jamais autorisé ce référendum. Le gouvernement indien a été accusé de ne pas traiter équitablement le peuple du Cachemire. Le gouvernement pakistanais estime que le Cachemire doit appartenir au Pakistan, puisque la majorité de la population y est musulmane.

Le conflit russo-ukrainien

L'Ukraine faisait partie de l'Union soviétique (URSS) jusqu'en 1991. Depuis l'indépendance, il y a eu des désaccords entre l'UE, les États-Unis et la Russie, mais aussi à l'intérieur même de l'Ukraine, quant à la mesure dans laquelle cette dernière devrait s'aligner sur les pays occidentaux ou sur la Russie voisine en termes de politique étrangère. En 2013, la contestation s'intensifie et des protestations éclatent du côté des Ukrainiens qui souhaitent un rapprochement avec l'UE, c'est le mouvement Maïdan. Le gouvernement, alors favorable à la Russie, fait réprimer les protestations, lesquelles se sont transformées en révolution, provoquant la fuite du président ukrainien. La Russie en a alors profité pour prendre le contrôle de la péninsule de la Crimée, où la majorité de la population est russe.

À l'est de l'Ukraine, les régions de Louhansk et de Donetsk, région du Donbass, ont également déclaré leur indépendance. Les combattants ont utilisé la violence pour obtenir le détachement de cette région de l'Ukraine, avec le soutien de l'armée russe, ils se sont battus contre l'armée ukrainienne qui refusait cette séparation. En automne 2021, la Russie mène ses troupes dans la région frontalière avec l'Ukraine. Depuis lors, les experts craignent que la Russie ne planifie une attaque militaire contre l'Ukraine, en partie parce que la Russie refuse de poursuivre des pourparlers de paix, l'Ukraine continuant ses attaques depuis 2014, sur Louhansk et Donetsk.

En février 2022, la Russie a reconnu les régions de Louhansk et de Donetsk, dans l'est de l'Ukraine, comme étant des États indépendants, la Russie étendant sa sphère d'influence en Ukraine. Le 24 février 2022, les troupes russes envahissent l'Ukraine, commençant ainsi une guerre, en violation du droit international. L'Ukraine tente de se défendre et se bat contre les troupes russes. Après l'invasion russe, les Nations Unies, l'Union européenne et le gouvernement allemand ont vivement critiqué l'attaque de la Russie envers l'Ukraine. De nombreux pays ont imposé des pénalités économiques et financières à la Russie, à la suite desquelles il est possible de redouter des conséquences économiques graves pour toute la zone euro.

De nombreux États soutiennent l'Ukraine avec des armes et des fournitures diverses. L'Ukraine borde la Russie à l'est et au nord-est et la Biélorussie au nord. À l'ouest, elle borde la Pologne, la Slovaquie et la Hongrie, au sud la Roumanie et la Moldavie. La Pologne, la Slovaquie, la Hongrie et la Roumanie sont membres de l'alliance de défense militaire de l'OTAN. Au sein de l'OTAN, le principe s'applique selon lequel les États membres s'entraident lorsqu'un pays est attaqué. L'Ukraine n'étant pas membre de l'OTAN, cette dernière ne peut pas y envoyer de soldats, mais prévoit cependant d'en envoyer dans les pays frontaliers.

L'OTAN

Il s'agit d'une association d'États démocratiques qui ont pour devoir de s'entraider militairement et politiquement, dans le but de préserver la liberté et la paix dans le monde. Ils doivent également se soutenir mutuellement si un État est attaqué. L'OTAN, Organisation du traité de l'Atlantique Nord, est une alliance politico-militaire fondée en avril 1949 par les États-Unis, le Canada et dix pays européens, quelques années après la Seconde Guerre mondiale.

Aujourd'hui, 30 pays sont membres de l'OTAN. À l'époque de sa fondation, les États-Unis et l'Union soviétique étaient des puissances mondiales déterminantes, hostiles l'une à l'autre. Les États-Unis étaient alliés aux États démocratiques de l'Ouest et l'Union soviétique était la première puissance du bloc communiste de l'Est. Sous la direction de l'Union soviétique, le pacte de Varsovie a vu le jour en 1955.

Lorsque le pacte a été fondé, l'OTAN avait un objectif important qui était d'empêcher les États communistes d'entrer en guerre contre les États occidentaux. Après la fin du pacte de Varsovie en 1991, les objectifs de l'OTAN ont changé. Travailler pour la paix et la liberté est aujourd'hui le plus important. Les membres de l'OTAN ont toujours été tenus de s'entraider en cas de menace militaire, une obligation qui s'applique encore présentement.

Les pays membres de l'OTAN :

Albanie (2009)

Allemagne (1955)

Belgique (1949)

Bulgarie (2004)

Canada (1949)

Croatie (2009)

Danemark (1949)

Espagne (1982)

Estonie (2004)

États-Unis (1949)

France (1949)

Grèce (1952)

Hongrie (1999)

Islande (1949)

Italie (1949)

Lettonie (2004)

Lituanie (2004)

Luxembourg (1949)

Macédoine du Nord (2020)

Monténégro (2017)

Norvège (1949)

Pays-Bas (1949)

Pologne (1999)

Portugal (1949)

Roumanie (2004)

Royaume-Uni (1949)

Slovaquie (2004)

Slovénie (2004)

Tchéquie (1999)

Turquie (1952)

Le G20

Le G20, ou « groupe des 20 », est une fusion de 19 des pays industrialisés et émergents les plus importants du monde, et de l'Union européenne. Les 19 États en question sont l'Afrique du Sud, l'Allemagne, l'Arabie Saoudite, l'Argentine, l'Australie, le Brésil, le Canada, la Chine, la Corée du Sud, les États-Unis, la France, l'Inde, l'Indonésie, l'Italie, le Japon, le Mexique, le Royaume-Uni, la Russie et la Turquie.

Les ministres des Finances et les dirigeants des banques centrales de ces pays se réunissent régulièrement. Ils discutent alors de questions importantes relatives à l'économie mondiale, l'un des objectifs étant de s'entendre sur les règles et les procédures du commerce mondial. Les deux tiers de la population mondiale vivent dans les pays du G20, 85 % du produit national mondial est généré dans ces pays et 75 % du commerce mondial y est effectué. Les chefs de gouvernement de ces pays se réunissent lors de sommets à intervalles fixes et s'entretiennent avec les ministres des Finances et les représentants de la Banque mondiale et du Fonds monétaire international. Des actions de protestation répétées ont eu lieu ces dernières années lors des sommets du G20, dont certaines ont été très violentes.

L'UE

L'UE, Union Européenne, est une association ou union qui regroupe en 2022, 27 pays qui se trouvent sur le continent Europe. L'UE a également un gouvernement commun, la Commission européenne. Comment l'UE gouverne-t-elle ? Quand et pour quelles raisons a-t-elle été fondée ? Eh bien, les débuts de l'UE remontent à 1951. À cette époque, six pays se sont réunis. Cette association s'appelait alors la Communauté européenne du charbon et de l'acier. Abrévié en CECA, ce terme désignait de plus l'industrie représentant les ressources et l'exploitation minière. Il a été convenu que le charbon et l'acier pourraient être échangés entre ces pays sans imposer de droits de douane, simplifiant énormément le commerce. Ces six pays étaient la Belgique, l'Allemagne de l'Ouest, la France, l'Italie, le Luxembourg et les Pays-Bas. Précurseur de l'UE, la CECA a permis un énorme boom économique. Une étape supplémentaire suivit en 1957, avec la Communauté économique européenne (CEE) qui fut fondée par les six mêmes pays. L'objectif était de mettre en place une politique économique commune, mais également d'éviter des conflits et éventuellement une nouvelle guerre. En outre, ces six pays ont par ailleurs fondé la Communauté européenne de l'énergie atomique, Euratom, en 1957, au travers de laquelle ils se sont mis d'accord sur l'utilisation de l'énergie nucléaire. Il y avait donc à ce moment-là trois communautés européennes avec pour chacun son « terrain » d'action particulier. La CEE et l'Euratom ont été signées à Rome, c'est pourquoi nous parlons aussi des traités de Rome. La CEE est devenue la plus importante des trois unions. Cette communauté économique ne concernait plus seulement le charbon et l'acier, mais plus généralement la réduction des droits de douane et un marché économique commun. En 1973, le Danemark, l'Irlande et le Royaume-Uni sont admis dans la CEE. La Grèce a suivi en 1981, et l'Espagne puis le Portugal ont rejoint la CEE en 1986.

Le traité de Maastricht est entré en vigueur en 1993, avec la fondation de cette Union européenne, la CEE a été rebaptisée CE, pour Communauté européenne. Le changement de nom a alors clairement indiqué qu'il ne s'agissait plus seulement d'économie. L'UE était devenue une association globale reposant sur trois piliers. Tout d'abord, l'union des trois communautés, CECA, Euratom et CE, qui existaient toutes à ce moment-là. Le second pilier était une politique étrangère et de sécurité commune. Le troisième était une coopération policière et judiciaire, pour par exemple lutter contre la criminalité au-delà des frontières nationales. La CECA a été dissoute en 2002 et le terme d'UE fut utilisé familièrement pour désigner la CE. Avec

le traité de Lisbonne de 2007, l'influence du Parlement européen s'est accrue, la possibilité d'une pétition citoyenne a été
introduite, la CE a pris fin et l'UE est devenue son successeur
légal. Des trois premières communautés européennes, l'Euratom est la seule qui existe encore aujourd'hui.

Les États fondateurs, comme nous l'avons vu précédemment,
étaient la Belgique, la République fédérale d'Allemagne, la
France, l'Italie, le Luxembourg et les Pays-Bas. En 1973, ce
qu'on appelle l'élargissement au nord a eu lieu, avec donc, le
Danemark, le Royaume-Uni et l'Irlande. L'adhésion de la
Grèce a marqué l'élargissement au sud, avec l'Espagne, le
Portugal. En 1995, ce sont la Finlande, l'Autriche et la Suède
qui y ont adhéré. En 2004, c'est une expansion vers l'est qui a
eu lieu l'Estonie, la Lettonie, la Lituanie, Malte, la Pologne, la
Slovaquie, la Slovénie, la République tchèque, la Hongrie et
Chypre ont constitué les nouveaux membres. En 2007, la Roumanie et la Bulgarie rejoignent le groupe, puis la Croatie ad-
hère quant à elle en 2013. En 2020, le Royaume-Uni quitte
l'UE avec le Brexit, à la suite d'une consultation du peuple britannique, c'est alors la première fois qu'un pays quitte l'union.
L'Union européenne comprend également des zones qui ne
sont pas du tout sur le continent européen, pour la simple raison que celles-ci appartiennent à un État membre. C'est par
exemple le cas des Açores, qui appartiennent au Portugal, ou
des îles Canaries, qui appartiennent à l'Espagne. La Guyane
française est située en Amérique du Sud, mais fait partie de la
France, au même titre que la Guadeloupe et la Martinique. Les
villes espagnoles de Ceuta et Melilla sont quant à elles situées
sur la côte marocaine, en Afrique du Nord. Le drapeau de
l'Union européenne est illustré par douze étoiles en cercle sur
fond bleu et est utilisé par l'UE depuis 1986. À cette époque, il
y avait également douze États membres, mais c'était probablement une coïncidence. Le nombre douze est un symbole
d'unité et de perfection, c'est pourquoi le nombre d'étoiles n'a
pas changé lorsque d'autres pays ont rejoint l'UE. À titre de
comparaison, il y a plus de quarante pays sur le continent européen. Au total, ce sont 47 ou 49 pays, selon la façon dont
nous les comptons. La Russie et la Turquie ont en effet une
grande partie de leur territoire en Asie, mais aussi des territoires en Europe. Seuls vingt-sept de cette petite cinquantaine
d'États appartiennent à l'Union européenne.

Plusieurs pays dits « candidats » souhaiteraient rejoindre l'UE. Il s'agissait en 2020 de l'Albanie, de la Macédoine du Nord, du Monténégro, de la Serbie et de la Turquie. La Bosnie-Herzégovine demande quant à elle son adhésion depuis 2016. Pour y être admis, ces pays candidats doivent répondre à certaines exigences économiques et politiques. Ceci est parfois testé sur de nombreuses années. La Norvège a voulu adhérer à plusieurs reprises, mais par deux fois l'adhésion fut rejetée par référendum. La Suisse a retiré sa demande d'adhésion en 2016. Les micro-États d'Andorre, de Monaco, de Saint-Marin et du Vatican n'appartiennent pas non plus à l'UE. Cependant, ceux-ci ont passé des accords avec la plupart des pays tiers. Par exemple, certains font partie de l'union monétaire, de sorte qu'ils utilisent également la monnaie euro, dont le symbole est €.

Tout comme nous pourrions le voir dans un pays, l'UE possède un Parlement et un gouvernement. Les élections européennes ont lieu tous les cinq ans, élections durant lesquelles tous les citoyens de l'UE sont appelés à élire le Parlement européen. Le Parlement forme alors une sorte de gouvernement, la Commission européenne. Autre institution de l'UE, le Conseil de l'Union européenne, où chaque pays est représenté par les membres de son gouvernement. Il est parfois aussi appelé Conseil des ministres. Les lois sont votées au Parlement européen et au Conseil de l'Union européenne. La Commission européenne fait partie du pouvoir exécutif, tout comme le Conseil européen. Les chefs d'État en font partie. Le Conseil européen fixe les orientations de la politique de l'UE. Ensuite, il y a la Cour de justice de l'Union européenne qui forme le pouvoir judiciaire et veille au respect de la loi. La Banque centrale européenne décide de la politique monétaire dans la zone €. Les citoyens de l'UE peuvent voyager dans n'importe quel pays de l'UE sans contrôle aux frontières et ils peuvent également y étudier et y travailler. Sauf en cas de situation exceptionnelle de type pandémie, qui voit alors des restrictions qui peuvent être appliquées. Il y a donc, normalement, libre circulation des personnes.

Les contrôles ne sont pas seulement supprimés pour les personnes, mais aussi pour les biens et les services, aucun droit n'étant facturé. Cela apporte des avantages non négligeables pour l'économie. L'Espace économique commun est un marché intérieur transnational qui améliore les performances économiques. Les opportunités de vente pour les entreprises se multiplient. Les pays qui ne s'en sortent pas très bien sur le plan économique reçoivent des aides et des subventions de l'UE. De cette façon, plus d'usines peuvent être construites, plus d'emplois sont créés et la prospérité augmente également dans ces pays. Lorsqu'une loi a été adoptée par l'UE, tous les États membres doivent s'y conformer. Certains pensent cependant qu'il vaudrait mieux que certaines décisions soient prises individuellement, car ils ont le sentiment que celles-ci sont prises sans qu'ils ne soient consultés.

Par exemple, en 2009, l'UE a décidé d'interdire les ampoules électriques. Seules des lampes à économie d'énergie devraient alors être fabriquées, permettant ainsi de réduire la consommation d'énergie. Beaucoup de personnes ont alors eu le sentiment que quelque chose avait été décidé bien loin de chez eux, à Bruxelles. Ils n'ont pas apprécié cette décision, parce qu'ils trouvaient la lumière des ampoules à incandescence plus agréable ou parce que les lampes à économie d'énergie ne sont pas non plus sans incidence sur l'environnement. Beaucoup trouvent aussi qu'il y a trop de lois, que l'UE s'immisce trop dans leur vie, ou que les besoins de leur pays ne sont pas les mêmes que ceux des autres.

Les pays sont donc souvent en désaccord. Il faut beaucoup de temps pour parvenir à une décision et il y a de longues discussions au sujet de nombreuses décisions. C'est le cas, par exemple, du thème des réfugiés et du nombre que devrait accueillir chaque pays. Les pays plus riches ont parfois l'impression de donner trop et accusent les pays les plus pauvres. Pour ces derniers, l'économie peut croître grâce à l'adhésion à l'UE, mais les conditions de vie ne s'améliorent pas toujours. Les citoyens des pays les plus pauvres peuvent certes se rendre dans un pays plus riche, mais ils sont alors exploités et reçoivent des salaires très bas.

Le féminisme

Durant des siècles, les femmes avaient beaucoup moins de droits que les hommes. Elles n'étaient pas autorisées à fréquenter les écoles ou les universités, à choisir elles-mêmes une profession, ni à voter. À la fin du XVIIIe siècle, des mouvements pour les droits des femmes émergent dans de nombreux pays. Les femmes se sont battues pour l'égalité des droits dans la société, la politique et les affaires. En France, des associations et organisations de femmes ont émergé dans le but d'améliorer les droits des femmes. Presque toutes les organisations de femmes ont revendiqué le droit de vote, la même éducation que les hommes et le droit de choisir librement une profession. Le droit de vote pour les femmes n'a été introduit en France qu'en 1944, avec un premier scrutin le 29 avril 1945. À la fin des années 1960, un nouveau mouvement connu sous le nom de « féminisme » a émergé. Les féministes veulent que la société mette fin au favoritisme masculin et autonomise les femmes, ce n'est qu'alors que la discrimination à l'égard de ces dernières pourra être éliminée. Aujourd'hui encore, de nombreuses femmes, mais aussi des hommes, demandent une véritable égalité des droits pour les femmes. De multiples lois stipulent déjà l'égalité entre les femmes et les hommes. Cependant, de nombreuses femmes sont encore défavorisées aujourd'hui, dans leur vie privée tout comme dans leur carrière professionnelle.

La peine de mort

La peine de mort a été abolie en République fédérale d'Allemagne après la Seconde Guerre mondiale, selon l'article 102 de la Loi fondamentale. En France, l'abolition a été déclarée le 9 octobre 1981. Toutefois, certains États dans le monde légalisent encore la peine de mort. Il s'agit notamment de certains États des États-Unis, de la Russie, de la Chine, de l'Iran, de l'Arabie Saoudite et de bien d'autres pays tels que Egypte, Bangladesh, Afghanistan, Libye, Nigeria, Bahamas, Cuba, Émirats Arabe Unis, Inde, Indonésie, Irak, Japon, Qatar, et bien d'autres encore.

Les crimes pour lesquels une personne peut être condamnée à mort varient considérablement d'un pays à l'autre. En Chine, le cambriolage de banque et la corruption grave sont passibles de la peine de mort. Dans certains États américains, la peine de mort peut être prononcée pour meurtre, cambriolage de banque aggravé ou de viol. En Iran, pour blasphème. À Singa-pour et en Thaïlande, on peut être exécuté pour trafic de drogue ou même pour simple possession de stupéfiants. En Europe, la peine de mort n'est appliquée qu'en Biélorussie. La peine de mort a, en effet, été abolie dans tous les pays de l'Union européenne, tous les autres États, membres de l'UE s'étant engagés à respecter la Charte des droits fondamentaux de l'Union européenne.

Le dérèglement climatique

Chaque année, une conférence internationale sur le climat a lieu dans différentes parties du monde. Politiciens, scienti-fiques et écologistes du monde entier négocient des façons de contrer le changement climatique. Le terme de « dérèglement climatique » fait référence au changement du climat sur terre, lequel se réchauffe lentement. Nous avons pu voir, dans un chapitre de ce livre, que de nombreuses alternances de chan-gements climatiques se sont succédées sur la Terre, obligeant des populations entières à migrer, alors qu'il n'y avait ni voi-tures, ni usines.

Selon certains chercheurs, nous, les hommes, sommes la cause de ces dérèglements. Lorsque nous brûlons du pétrole, du charbon et du gaz pour produire de l'énergie, nous produi-sons ce que nous appelons des gaz à effet de serre. Le plus connu est le dioxyde de carbone ou CO_2 en abrégé. Les gaz à effet de serre s'accumulent dans l'atmosphère, la couche protectrice qui entoure la Terre.

Entre autres choses, l'atmosphère est chargée de retenir une partie de la chaleur du Soleil qui frappe la surface de la Terre. Sans atmosphère, la chaleur s'échapperait dans l'espace et la Terre serait tout aussi froide et inhospitalière que la Lune. Mais s'il y a beaucoup de CO_2 ainsi que d'autres gaz à effet de serre dans l'atmosphère, ceux-ci ne laissent pratiquement aucune chaleur s'échapper dans l'espace. La Terre devient trop chaude sur le long terme, comme si elle portait une couche de vêtement supplémentaire. Le climat est détérioré en de nom-breux endroits, les glaciers des pôles fondent et le niveau de la mer monte lentement. Le réchauffement climatique est particulièrement visible au pôle Nord où les glaciers y ont fortement reculé ces dernières années et la couche de glace n'est plus aussi épaisse qu'avant. Si cela continue, le changement climatique pourra même s'accélérer, car, jusqu'à présent, la glace aux pôles Nord et Sud réfléchissait la chaleur du Soleil et la renvoyait dans l'espace. S'il ne reste plus de glace au pôle Nord, la Terre se réchauffera encore plus, car elle ne sera plus protégée. Les politiciens, scientifiques et écologistes du monde entier qui se réunissent régulièrement aux conférences mondiales sur le climat cherchent à stopper le réchauffement climatique. Presque tous les pays du monde s'y étaient déjà engagés à Paris en 2015. Cet accord a été un succès, sur la volonté de faire quelque chose, mais il s'agit maintenant, pour les gouvernements, d'adopter des lois qui mettent en œuvre ces actions et que chacun d'entre nous fasse tout ce qui est en son pouvoir pour œuvrer pour le climat.

Alors, la France a entamé un plan de relance du nucléaire au début de l'année 2022, car de très nombreuses centrales nécessitent de gros travaux d'entretien, voir de réhabilitation.

De son côté, faisant pratiquement « table rase » sur des décennies de combat écologique, l'Allemagne annonce, fin juin 2022, l'expansion ou la remise en service de mines de charbon, énergie fossile particulièrement polluante... Tout ceci, en dépit des engagements pris, prévoyant de devoir faire face à des moments très difficiles en matière d'approvisionnement d'énergie.

Nous avons donc vu dans ce chapitre différents thèmes abordant des sujets de politique et de société. Ces informations sont bien sûr fluctuantes, comme pour le dérèglement climatique par exemple. Le meilleur moyen pour vous de rester informé est de rejoindre des forums de discussion ou d'engager la conversation et de susciter le débat avec vos proches. La clé pour se cultiver et avoir un esprit ouvert sur le monde est d'accepter le point de vue de l'autre. Nous adoptons tous une perspective différente, dépendante de notre « mémoire interne », c'est-à-dire de notre vécu, de nos expériences ou encore de nos préférences.

Chapitre 6

La langue française

Dans ce chapitre, nous allons nous intéresser à l'histoire de la littérature française. Vous n'avez peut-être jamais eu d'intérêt pour celle-ci, mais sachez qu'elle fait partie de notre Histoire et qu'elle a engendré, sur certains aspects, notre manière tout entière de nous exprimer.

Histoire de la littérature française

Moyen Âge

Du VIIIe au XVe siècle, la culture française est marquée par la féodalité, qui laissera bientôt la place à l'absolutisme des rois. Au cours de ces 700 ans, qui ne constituent pas un ensemble homogène, des constantes apparaissent :

La culture est internationale grâce au Latin et la vie religieuse imprègne toute l'activité sociale et culturelle ;

La langue officielle, pour l'administration, les sciences, la poésie, est le latin. Il n'existe d'ailleurs pas une langue française, mais deux groupes de parlers « vulgaires », au Sud la langue d'oc et au Nord la langue d'oïl. Le français, dialecte de l'Île-de-France, ne s'imposera que vers 1539, par l'ordonnance de Villers-Cotterêts, au même rythme que la consolidation du pouvoir royal ;

La culture, dite latine, est réservée à une élite, car les livres sont coûteux et il faut savoir les lire. Les gens d'église sont les seuls à détenir simultanément les deux ;

Beaucoup de textes ont été perdus, ce qui nous laisse une impression d'incohérence ;

Les textes de cette époque sont destinés à être narrés, notamment dits en rythme, versification, résumés, reprises, refrains… Ils ne sont pas figés, mais modifiés au bon vouloir des diseurs. Le texte n'est qu'un aide-mémoire permettant à l'interprète de « broder ». Il n'est pas cherché, comme aujourd'hui, l'originalité, mais plutôt le maintien de la tradition. Les auteurs puisent dans un univers de conventions qui n'évoluera que très lentement ;

À côté de textes sérieux, il y a tout un courant parodique comme le carnaval, les carmina, ou la poésie goliardique.

La Renaissance

Nous sommes dans un contexte de stabilité retrouvée : il y a un progrès économique, une accélération des échanges, un essor des villes et une expansion militaire illustrée par les fameuses croisades. Trois groupes sociaux sont à l'origine d'une renaissance culturelle, le clergé, l'aristocratie et la bourgeoisie. L'Église crée les universités, Abélard. On y étudie la théologie, la médecine, le droit et les arts libéraux, avec deux divisions particulières. Trivium, la grammaire, rhétorique et dialectique. Et Quadrivium, arithmétique, géométrie, astronomie et musique. L'Université crée un mode de pensée principalement basé sur les symboles. L'aristocratie dispose davantage de loisirs et les cours sont dispensés de manière moins brutale. Après 1150, le courant courtois se développe, caractérisé par une codification des relations amoureuses. Cette conception diverge de la brutalité des mœurs et des lois.

Elle donne lieu à une poésie close et parfois difficile : chansons narratives telles que les chansons de croisades, d'aube, de toile... Ainsi que des poèmes de trouvères et de troubadours comme Jaufré Rudel, ou d'auteurs plus personnels comme Chrétien de Troyes, Rutebeuf ou Marie de France. Progressivement, apparaît une poésie non chantée où les marques du rythme sont plus nettes puis les rimes plus travaillées. Une œuvre étonne par son originalité, *Aucassin et Nicolette*.

Le récit s'exprime dans des romans en vers du cycle de Bretagne, ce terme correspondant à l'ensemble actuellement appelé Bretagne et Royaume-Uni, inspirés par la légende du roi Arthur, notamment *Tristan et Iseult, Lancelot, Perceval, le Graal*... Les villes commencent à édifier les cathédrales gothiques dont la décoration est destinée à instruire les illettrés.

Autour du marché et des édifices religieux se tiennent des jeux théâtraux, jeux de la Passion ou des miracles comme *Le Miracle de Théophile*. À partir du XIIIe siècle, avec l'apparition des bourgs et de la bourgeoisie, se développe une littérature plus populaire, dite bourgeoise, d'inspiration comique et satirique, ou empreinte de réalisme mêlé de lyrisme personnel.

Le XIIIe siècle

À cette époque, nous assistons à une prospérité économique grâce aux échanges entre l'Italie et les Pays-Bas par exemple. Une expansion de la Chrétienté se fait jour, ordre du Temple, chevaliers Teutoniques, Reconquista, Marco Polo, à laquelle s'ajoute des problèmes politico-religieux, hérésies, cathares, Inquisition, un affermissement du pouvoir royal et à l'apparition du concept de nation. Les disciplines nées au XIIe siècle perdurent dans le temps, en voici les domaines créateurs...

En sciences : la scolastique et l'alchimie font progresser les savoirs. La philosophie d'Aristote devient une référence capitale ;

La littérature moralisante : les fabliaux s'intéressent à la vie quotidienne et à la satire sociale. De nombreux recueils de proverbes, d'arts d'aimer et d'arts de mourir sont diffusés ;

Le Roman de la Rose, dont les auteurs sont Guillaume de Lorris et Jean de Meung, allégorie de la quête de l'Amour, apparaît pour longtemps comme le type même du littéraire, c'est-à-dire une fiction derrière laquelle se cache la Vérité.

Entre 1300 et 1450

Le début du XIVe siècle est prospère. Le roi ne délègue plus ses pouvoirs à ses vassaux. Après 1350, le climat général est marqué par une grande inquiétude. En effet, les famines qui sont dues à la surpopulation, la stagnation agricole et la grande peste suscitent des comportements hystériques.

La guerre de Cent Ans ruine la France et impacte négativement les pouvoirs du roi et du pape. Des mutations majeures vont se produire dans les mentalités.

La recherche scientifique se disperse et certains domaines de recherche, en politique par exemple, échappent à l'emprise religieuse. La thématique chevaleresque recule également. Cependant, la poésie courtoise garde sa vigueur avec notamment les œuvres poétiques de Christine de Pizan et Charles d'Orléans. Le théâtre est très actif avec des... passions et mystères, Arnoul Gréban et Jean Michel proposant Le Mystère de la Passion, mais aussi des textes allégoriques, moralités, ou comiques, farces et soties, comme La Farce de Maître Pathelin.

Entre 1450 et 1540

L'Europe redevient dynamique et découvre de nouveaux mondes comme l'Afrique, l'Inde et l'Amérique. Cela l'enrichit. La mobilité retrouvée des hommes permet l'influence italienne et la diffusion des valeurs de l'Humanisme. Nous pouvons noter un retour aux textes antiques grecs et latins, en entier et dans leur langue originale, la vulgarisation de la philosophie néo-platonicienne et l'exaltation des capacités de l'Homme, considéré comme une synthèse du monde et apte à le dominer, de même qu'à comprendre Dieu par sa création. Le désir de rénover la religion s'appuie sur ce cadre philosophique, notamment avec Luther, Calvin et Érasme.

Vers 1540, l'imprimerie assure aux œuvres une diffusion plus étendue, selon les actions de Gutenberg, Plantin et Moretus.

En 1530 est créé le Collège de France. Toutes les sciences bénéficient de ce coup de neuf, tout particulièrement l'archéologie, l'astronomie, la magie, la médecine ou encore l'histoire. En poésie, il y a François Villon et sa Ballade des pendus.

Vers 1500 apparaissent les indices d'une évolution :

La fiction narrative se répand, avec les premières nouvelles imitées de l'italien ;

La poésie en latin subsiste et imite les Anciens, considérés comme des modèles parfaits ;

Une tendance au retour au naturel se fait en poésie avec Clément Marot qui reste cependant marqué par ce style savant.

Les Temps modernes

La monarchie française, absolue et centrale, adopte un rôle dominant en Europe. Sur le plan idéologique, l'Église et l'État sont certes différenciés, mais n'en sont pas moins solidaires. La censure d'État va petit à petit s'ajouter à la censure religieuse. Il n'existe pas de pensée qui puisse se créer sans se situer par rapport à la religion. Le sentiment national se renforce. D'un point de vue culturel, l'imprimé suscite une forte circulation des informations, le public s'accroît progressivement.

Si, d'une part, nous assistons au développement d'une réflexion individuelle, d'autre part, les universités sont supplantées par des collèges, qui s'adressent aux adolescents et leur proposent une culture générale, probablement standardisée. Le modèle culturel dominant reste l'Antiquité, l'imitation domine en littérature, le mécénat reste de rigueur, mais de plus en plus les auteurs deviennent petit à petit indépendants, grâce à la vente de leurs livres.

Entre 1530 et 1570

La production littéraire peut maintenant être commercialisée. Les auteurs, qui dépendent du mécénat, supportent la politique monarchique et l'ordre. Après 1550, il s'écrit plus de livres en français qu'en latin. La recherche formelle s'oppose à la spontanéité qui semble indigne de l'art. De plus, l'utilisation d'un langage peu courant donne du prestige à une classe sociale inférieure. L'influence est toujours marquée de l'Italie par Pétrarque et de l'Antiquité gréco-latine. Nous voyons une importance croissante des œuvres historiques, politiques et philosophiques.

En poésie, le mouvement appelé la Pléiade vise à faire reconnaître la langue française au même titre que le latin, comme dans le manifeste La Défense et illustration de la langue française. Le sonnet est très utilisé par les poètes. L'utilisation de la nouvelle, empruntée aux Italiens, notamment Boccace, est un essai pour créer une littérature de formes et de thèmes plus communément accessibles. Les romans d'aventures comme Don Quichotte restent cependant les meilleures ventes de l'époque. Les livres religieux et moraux continuent à être au centre des préoccupations du siècle et à servir de lien culturel principal entre les diverses classes sociales.

La Pléiade

La Pléiade est un groupe de sept poètes réunis autour de Pierre de Ronsard et de Joachim du Bellay, animés d'un même amour pour l'Antiquité et décidés à instaurer une grande poésie de langue française. En 1549, Joachim du Bellay eut la responsabilité de rédiger le manifeste de cette jeune école, intitulé La Défense et illustration de la langue française. Il s'agissait de rompre avec les traditions littéraires du Moyen Âge, et de développer les grands genres issus de l'Antiquité, tels qu'épigrammes, odes, élégies, épîtres, comédie, tragédie, ou même de l'Italie moderne, en lui empruntant le sonnet. Il fallait enrichir la langue française, étouffée par la tutelle du latin, et simultanément s'inspirer des grandes œuvres gréco-latines qu'il était de bon ton de chercher à imiter.

Entre 1570 et 1650

Le baroque est un mouvement artistique qui s'est créé en Europe entre 1580 et 1660 et qui s'est étendu à tous les domaines, aussi bien architecture, que peinture et sculpture. Au début de son utilisation, le mot était quelque peu péjoratif, « baroque » désignant une perle irrégulière. Ce mot caractérisait un art surchargé, qui donnait libre cours à la fantaisie et à l'imagination. Par son exubérance, il s'éloignait du « bon goût » selon les Classiques. Plus tard, le terme a désigné un style original où prédominent les équilibres instables, les lignes courbes, le trompe-l'œil et l'illusion. En littérature, le courant Baroque préfère le mélange des genres, les situations romanesques, les images brillantes et recherchées...

« Ses yeux jetaient un feu dans l'eau [...] Et l'eau trouve ce feu si beau qu'elle ne l'oserait éteindre » - Théophile de Viau.

Le baroque n'est pas seulement une esthétique, ce style répond à une certaine conception de l'homme et du monde, tous deux considérés comme étant soumis à un mouvement perpétuel. Tout se modifie, tout se transforme, tout change. L'homme dispose d'une large liberté et peut prétendre agir sur ce monde. Conception qui est contraire à l'idéal classique, selon lequel l'univers est permanent, figé. Le baroque se manifeste aussi bien dans l'écriture burlesque, fondée sur le jeu des oppositions, que dans la manière précieuse caractérisée par un langage recherché. Nous assistons aussi à de gros conflits religieux et politiques qui imposent alors une surveillance de la littérature du moment. Cependant, la conséquence des découvertes laisse l'impression d'une grande instabilité des connaissances, c'est la naissance du scepticisme, dont un ouvrage majeur est « les Essais » de Montaigne.

Entre 1610 et 1660

Le baroque, style irrégulier, était destiné à susciter des formes de pensée non conformiste. Le retour à l'ordre politique s'accompagne de changements dans les mentalités et les pratiques culturelles. L'instruction se développe et donne naissance à un nouveau public mondain. Il y a alors une large prééminence de Paris. La tradition savante côtoie le divertissement mondain. Le siècle classique voit se créer un idéal humain, celui de « l'honnête homme ». Celui-ci réunit toutes les qualités qui lui assurent le succès, culture générale, délicatesse, bonne éducation, galanterie, politesse, courtoisie. Cet honnête homme est lisse. Des œuvres voient le jour, avec des personnages comme le duc de Nemours dans La Princesse de Clèves, Cléante dans Le Tartuffe ou encore Clitandre dans Les Femmes savantes, où tous incarnent précisément cet idéal. La littérature religieuse émerge à son tour, avec les œuvres de François de Sales, Ignace de Loyola, Thérèse d'Avila, Jean de la Croix.

Richelieu crée l'Académie française en 1635. Vaugelas établit les règles de la syntaxe. Des théories sont élaborées, pour le théâtre surtout, pour que soit privilégié soit le spectacle, soit le respect des règles. L'esthétique est dominée par l'imitation des Anciens, essentiellement des Romains.

Entre 1650 et 1700

L'élaboration du classicisme s'amorce en France, étant le pays le moins touché par le style baroque, dès 1630. Caractérisé par l'exercice de la Raison dans les règles établies, ce style recherche la pureté et la clarté dans la langue et la rhétorique, la simplicité, la juste mesure, l'équilibre et l'harmonie. L'imitation des chefs-d'œuvre de l'Antiquité, souci du vraisemblable, des règles de l'art considérées comme synonymes de beauté par leurs contraintes, sont des moyens pour l'auteur et son public de s'assurer un langage commun. Le classicisme atteint son paroxysme dans la première partie du règne de Louis XIV. Spécifiquement français, et même parisien, ce style se répand peu à peu en province et dans toute l'Europe, caractérisant le modèle du Beau au XVIIIe siècle. Le classicisme comme doctrine littéraire des écrivains du XVIIe siècle prône, à l'exemple des auteurs grecs et latins, un idéal d'équilibre, d'ordre et de mesure.

Le classicisme répond à des règles strictes bâties sur la raison, faculté maîtresse qui permet d'éviter toute faute de bon goût et de contrôler le trop-plein d'imagination. L'écrivain classique respecte la vraisemblance et demeure impersonnel, il ne représente donc pas son œuvre et s'attache à l'étude de l'homme, parce qu'il croit en une nature humaine indépendante des lieux et du temps. Il s'exprime en une langue pure, sobre et élégante. Cette esthétique correspond à une certaine conception du monde et de l'homme, celui-ci évolue dans un univers parfaitement immuable et achevé, mais malgré ses efforts, il reste soumis à la fatalité puis aux lois inéluctables qui pèsent sur sa nature, notamment les personnages de Racine. Le classicisme est un art de rigueur, fondé sur des principes de beauté éternels. En architecture, ce style préfère, et impose, les lignes droites ainsi que les constructions symétriques au mépris du décoratif. Le classicisme s'oppose au baroque et au romantisme.

Le XIXe siècle

Dès la Révolution de 1789, un siècle durant, des bouleversements profonds, générateurs de crises, de révolutions et de coups d'État, en 1789, 1848, 1851, 1871, remodèlent la société. C'est la fin des privilèges de l'Ancien Régime, l'accession de la bourgeoisie au pouvoir, la naissance du prolétariat ouvrier. Tout ceci transforme profondément les pratiques politiques et l'économie. Les changements sociaux suscitent des modifications idéologiques. C'est ainsi que la domination de la noblesse est remplacée par celle des notables, l'idéologie aristocratique n'est plus qu'une nostalgie, remplacée par une idéologie bourgeoise basée sur la croyance au progrès, au profit et à la morale.

La situation des écrivains et des artistes est alors paradoxale. Ils sont admirés, d'une part, mais aussi catalogués, d'autre part, comme suspects par une bourgeoisie qui recherche d'abord le divertissement et l'ordre moral. Ainsi, lorsque des artistes prennent la défense d'idéaux politiques ou humanitaires, les auteurs remarquent le clivage entre leurs aspirations et la réalité observée, leur désir d'action efficace et l'impuissance à laquelle ils sont réduits, la générosité individuelle et l'égoïsme des classes au pouvoir.

Cette opposition est fortement ressentie par les anticonformistes. Leurs œuvres s'imprègnent d'ailleurs de pessimisme. Ils ont le sentiment d'être incompris, se sentent isolés et tendent à former entre eux, un milieu clos. Ils préfèrent l'expression de leur angoisse face à la vie, ce qui crée un lien profond entre des mouvements divers et complexes, que leurs principes esthétiques semblent pourtant séparer. Ce mal de vivre ou mal du siècle, en germe dans le rousseauisme, trouve sa pleine expansion chez les Romantiques, notamment Musset et Nerval, se prolonge avec le Spleen de Baudelaire et, à la fin du siècle, se retrouve dans les attitudes décadentes ou symbolistes. Même les récits réalistes en portent l'empreinte. Toute une génération, déçue dans ses rêves de grandeur, après la chute de l'Empire, se reconnaît dans le René de Chateaubriand. Le mal du siècle, c'est l'âme, avide d'infini, assoiffée d'absolu, qui souffre des limites que lui impose la destinée terrestre. Le cœur est empli de passions violentes que rien sur cette terre ne saurait combler. C'est la « vague des passions », comme le décrit Chateaubriand...

« L'imagination est riche, abondante et merveilleuse ; l'existence pauvre, sèche et désenchantée. On habite avec un cœur plein, un monde vide. »

L'humeur est sombre et cultive volontiers la mélancolie.

Entre 1820 et 1850

Le romantisme naît à cette période. C'est un mouvement littéraire et artistique qui s'est étendu à toute l'Europe à partir de la fin du XVIIIe siècle. Il atteint son paroxysme en France, dans les années 1810-1835 et se définit par l'apparition d'une sensibilité nouvelle, favorisée après 1815 par le déséquilibre que la chute de l'Empire a provoqué dans l'âme de la jeunesse. Les consciences désenchantées ont le sentiment de ne pas avoir leur place en ce monde. Tantôt, se complaisant dans la tristesse, le rêve ou la solitude, elles épanchent leur mélancolie. Tantôt animées par l'énergie de la révolte ou de l'ambition, elles s'engagent dans l'action.

Cet état de sensibilité s'accompagne d'un renouvellement des formes littéraires. Le romantisme se dégage des contraintes imposées par l'esthétique classique. Au théâtre, il y a une suppression de la règle des trois unités, une libération du langage et un mélange des genres ; en poésie, une explosion du lyrisme ; quant au roman, il se fait petit à petit le cadre de l'expression personnelle et un instrument d'exploration du monde extérieur.

Le romantisme s'épuise au milieu du siècle, car il ne résiste pas à l'esprit bourgeois, comprenant le sens des réalités concrètes, l'importance donnée à l'argent, qui apporte aux débordements lyriques de sévères limites. Les nouvelles générations littéraires sont, en effet, « positives », privilégiant le réalisme et le naturalisme.

Entre 1830 et 1900

À travers le roman, le XIXe siècle tente une description encyclopédique du réel. Lier écriture et réalité montre l'importance nouvelle accordée aux forces matérielles. Leur analyse paraît essentielle pour atteindre la vérité psychologique et comprendre l'être social. Désormais, les fictions ont des cadres spatiaux et temporels proches de ceux du lecteur et se déroulent dans tous les milieux sociaux.

Ces auteurs estiment qu'aucune exclusion esthétique ou morale ne doit empêcher quiconque d'accomplir quelque chose. L'école naturaliste, après 1870, ne fera qu'ajouter des visées scientifiques à ces principes et affirmer sa croyance en une littérature capable d'apporter une connaissance positive du réel.

Entre 1870 et 1914

Ultérieurement, à l'échec de la Commune, la République est rétablie, mais elle est peu conforme aux espoirs de beaucoup de ceux qui l'attendaient. S'ensuivent une crise des valeurs et un sentiment de décadence, révélé par les remous de l'affaire Dreyfus. L'idéologie bourgeoise ne se renouvelle plus, sinon par le colonialisme et le nationalisme. Les écrivains sont mal à l'aise dans cette société. La contestation ou le compromis sont les deux voies possibles, pour ceux qui mettent l'écriture au service de convictions politiques explicites, en se donnant la mission de décrire les luttes du monde social contemporain.

Nous assistons à la naissance du mouvement ouvrier, de l'anarchisme, du socialisme avec Jaurès. Anatole France se montrera plutôt partisan du compromis. Même des auteurs plus réservés à l'égard des questions politiques affirment malgré tout le rôle de l'écrivain comme celui d'une conscience qui doit éclairer ses contemporains, nous pensons ici particulièrement à Romain Rolland et Charles Péguy.

Pour une majorité du public, les inquiétudes et recherches littéraires sont ignorées ou rejetées, de même, d'ailleurs, que les revendications politiques, souvent violentes de l'anarchisme, du socialisme ou des mouvements syndicalistes.

À l'aube du XXe siècle, la société bourgeoise vit sa « Belle Époque » et célèbre la gloire d'écrivains, moralistes, garants de l'ordre, nous citerons ici Bourget.

Elle savoure également un théâtre de stéréotypes et de divertissement brillant, avec Edmond Rostand, et l'humour plus ou moins grinçant d'auteurs considérés comme des amuseurs, notamment Georges Feydeau, Alphonse Allais, Georges Courteline. Ce sont aussi les stéréotypes intimistes de Paul Géraldy qui ont les faveurs du public. *Toi et moi,* paru en 1913, se vend à un million d'exemplaires.

Entre 1914 et 1940

Deux grands éditeurs dominent le marché, il s'agit de Gallimard et de Grasset. Plusieurs revues se créent, notamment La Nouvelle Revue française. Nombre d'écrivains, sans prendre explicitement de positions politiques, entendent dénoncer la médiocrité de la société et de la morale officielle. Certaines visions idéalistes du monde, sous la plume de Jules Romains et le recours aux « grandes valeurs » sont un antidote contre l'idéologie de la classe au pouvoir, mais aussi contre la poussée de la pensée révolutionnaire.

Nous pouvons distinguer les écrivains de la guerre, tels que Barbusse puis Céline, l'écrivain du divertissement des années folles qui est Jean Cocteau. D'autres écrivains le sont, de la critique sociale et morale, comme Jules Romains, François Mauriac, Georges Bernanos. Puis les écrivains voués à la création littéraire, nous pensons ici à Max Jacob, Jean Giono, Jules Supervielle, Raymond Roussel, Alain-Fournier, Colette. Puis, pour terminer, les écrivains voués à l'action, André Malraux, Antoine de Saint-Exupéry.

Les poètes, héritiers de Rimbaud et de Mallarmé, pratiquent une poésie affranchie des conventions classiques, en utilisant des vers libres. Le roman prolifère. La biographie et l'essai sont plus fréquents. Dans le théâtre, le texte a plus d'importance que la mise en scène, c'est le cas pour Paul Claudel, Henry de Montherlant, Jean Giraudoux. À citer également parmi les metteurs en scène : Copeau, Dullin et Jouvet.

De la Première Guerre mondiale naît un refus de l'Ancien Monde, des idéologies et cultures anciennes qui ont cautionné les massacres. Les mouvements dada, entre 1916 et 1920, puis le mouvement surréaliste émergent, partagent le goût d'expérimenter l'inconnu, de découvrir une manière d'écrire et surtout de vivre de façon poétique. Sur ce dernier, rayonne et pèse la personnalité d'André Breton. Dans son groupe fermé, volontiers sectaire, il a exploré avec passion les voies de la révolution, de l'amour, du rêve et de la poésie, pour bouleverser les modes de la pensée et de l'écriture, et fonder une nouvelle conception de l'homme.

Né de la philosophie sartrienne, l'existentialisme joue, après la guerre, un rôle majeur dans le développement des lettres françaises. Novateur dans sa vision du monde, ce mouvement ne suscite pourtant pas de poétique originale. Il est, de plus, diversifié dans les auteurs qui y participent. Sympathies marxistes et engagement politique chez Jean-Paul Sartre, engagement plus modéré et humanisme moderne pour Albert Camus.

Simone de Beauvoir ouvre la voie à une réflexion sur la recherche de l'identité et de la liberté féminine. Un peu en marge des affrontements d'idées entre existentialistes, marxistes et humanistes chrétiens, Boris Vian, superficiellement influencé par la pensée de Sartre et des éléments du surréalisme, résume l'état d'esprit d'une fraction de la jeunesse, l'esprit de Saint-Germain-des-Prés. En outre, il popularise en France la bande dessinée américaine, la science-fiction et le jazz.

Émergence des nouveaux canaux de publication

Dans la littérature actuelle, nous trouvons désormais une notion accrue de business et des affaires. Il n'est plus écrit forcément pour être lu, mais surtout pour vendre. Il est dorénavant possible de publier un livre sans passer par un éditeur et sans engendrer le moindre coût, si ce n'est celui d'un ordinateur ou de la promotion de l'ouvrage sur les canaux numériques. Nous pouvons également noter la naissance des e-books et l'émergence de livres de développement personnel, ces ouvrages qui nous aident à changer de vie.

Fautes communes que les étrangers font en français

1. C'est / Il est

« Il est » n'est pas suivi d'un déterminant (un, mon, ce…).

Mauvais exemples : Il est mon mari. Il est mon chat.

Cependant, il peut être suivi d'un adjectif qualificatif ou d'un nom de profession.

Exemples : Il est beau. Il est docteur.

« C'est » peut, quant à lui, être suivi d'un déterminant, d'un nom, d'un adjectif qualificatif, etc.

Exemples... C'est mon voisin. C'est un ami. C'est Lina. C'est joli.

2. Les quantités

Après une expression de quantité (beaucoup, un peu...), il faut mettre « de ».

Exemples : Beaucoup de... Un peu de... Un tas de... Une cuillère de... Un kilo de...

3. Si + conditionnel

Après « si », nous n'utilisons pas le conditionnel, nous utilisons l'imparfait, le plus-que-parfait ou le présent.

Exemples : Si j'avais de l'argent, je partirais au Portugal. Si j'avais su, je ne serais pas venu. S'il pleut, nous nous arrêterons.

4. Je reviens de la France

Avec les verbes « revenir », « venir » ou « rentrer » suivis d'un pays, nous ne mettons pas d'article.

Exemple : Il revient de France.

Notez que si le pays est pluriel, il faut utiliser « des ».

Exemple : Il revient des Bahamas.

Enfin, si c'est un pays masculin qui commence par une consonne, il faut utiliser « du ».

Exemple : Je reviens du Cap-Vert.

5. C'est moi qui a...

« Moi » est le pronom personnel de la première personne du singulier. Il remplace le « je ». Par conséquent, nous ne pouvons pas dire « C'est moi qui a fait ça ». Il faut dire : « C'est moi qui ai fait ça. »

6. Visiter + personne

Nous utilisons le verbe « visiter » quand il s'agit d'un lieu, une ville, un musée, etc.

Exemples : Je visite un musée. Je visite Paris.

Nous utilisons le verbe « rendre visite » lorsqu'il s'agit de personnes.

Exemple : Je rends visite à ma tante.

7. Le jeudi prochain

Si nous utilisons l'article défini « le » devant un jour, c'est pour souligner le caractère répétitif de l'action.

Exemple : Le jeudi, je danse. Ce qui signifie... Tous les jeudis, je danse.

Si nous évoquons simplement le jeudi suivant au moment où nous parlons, nous n'utilisons pas d'article.

Exemple : Jeudi prochain, j'irai à la plage.

8. Les contractions

Si nous oublions de faire les contractions, les phrases ne sont plus grammaticalement correctes : à + le = au ; à + les = aux ; de + le = du ; de + les = des.

Exemple : Je parle de le film -> Je parle du film ; Je parle à le frère de Robert -> Je parle au frère de Robert.

9. Malgré que

Nous ne disons pas « malgré que ». Il faut utiliser « bien que » suivi d'un verbe au subjonctif.

Exemple : Bien qu'il fasse froid, nous allons nous baigner.

Pour utiliser « malgré » d'une manière correcte, il faut que celui-ci soit suivi d'un nom.

Exemple : Malgré le froid, nous allons nous baigner.

10. Dans le matin

Nous ne pouvons pas dire « dans le matin » ou « dans le soir ». Nous utiliserons plutôt « Le matin, je travaille » ou « Le soir, je fais à manger ».

En revanche, nous pourrons dire : « Dans la matinée » ou « Dans la soirée ».

11. Je regarde à Emma

Quand le complément est une personne, nous ne devons pas mettre systématiquement la préposition « à ». Cela dépend en effet du verbe. Nous dirons par exemple « Je regarde Emma ».

Mais si nous utilisons le verbe « téléphoner », cela donne : « Je téléphone à Emma » car ce verbe a besoin de la préposition « à ».

En revanche, nous pouvons tout à fait dire « J'appelle Emma », le complément reste le même, mais nous ne mettons pas de préposition.

12. Faire une question

Nous ne disons pas « faire une question » mais « poser une question ».

Exemple : Je pose une question au médecin.

13. Beaucoup / Très

Nous utilisons « beaucoup » avec un verbe ou un nom.

Exemples : Il y a beaucoup d'élèves. Je marche beaucoup.

Nous utilisons « très » avec un adverbe ou un adjectif.

Exemples : Il marche très vite. Il est très grand.

14. Je suis bien

Nous ne disons pas « je suis bien » mais « je vais bien ».

Exemple : « Comment ça va ? — Je vais bien ! »

15. Merci pour venir

Lorsque « merci » précède un verbe à l'infinitif, il est toujours suivi de « de ».

Exemple : Merci de m'aider.

Après la lecture de ce chapitre, vous devriez normalement être prêts à passer votre bac de Français et même à étudier la littérature à des niveaux plus poussés. De plus, vous l'avez sûrement remarqué, mais l'histoire de la littérature est directement liée aux époques auxquelles elle se rapporte.

Chapitre 7

La religion

Dans ce chapitre, nous allons nous pencher sur les religions qui peuplent notre monde. Bien que les religions que nous connaissons datent d'il y a des milliers d'années, elles continuent de susciter la controverse et la méconnaissance. Je vous propose de vous pencher sur l'islam, le judaïsme et le christianisme, mais aussi sur les religions d'Asie, moins populaires mais pourtant tout autant intéressantes.

Comme dit précédemment, les trois principales religions du monde sont l'islam, le judaïsme et le christianisme. Celles-ci sont basées sur le monothéisme. Les sociologues étudient une grande variété de religions pour saisir la manière dont elles impactent la société dans son ensemble. Ils étudient les religions objectivement et n'essaient pas de déterminer si l'une ou l'autre est bonne ou mauvaise. Il y a environ vingt grandes religions qui sont observées dans le monde. Le monothéisme est la croyance en un dieu unique. C'est le contraire du polythéisme qui est la croyance en plusieurs dieux. Les trois religions citées plus haut ont pour base la même chose. Leurs croyants croient en un même Dieu qui sait tout, voit tout et est tout-puissant. Cependant, leurs croyances, idéologies et doctrines sont totalement différentes.

Le judaïsme

Le judaïsme ne fait pas partie des dix premières religions si nous les classons par nombre d'adeptes. Les Juifs forment la majorité de la population dans un seul pays, Israël. Néanmoins, le judaïsme est l'une des religions les plus vieilles qui existent encore aujourd'hui et elle revêt une importance particulière pour les États-Unis, car la plus grande concentration de Juifs se trouve en Amérique du Nord. L'Alliance est une croyance religieuse qui tient une place centrale dans le judaïsme, une alliance par laquelle les Juifs sont devenus le peuple élu de Dieu. Symbolisé par la circoncision, c'est un accord des Juifs de suivre les Dix Commandements de Dieu. En récompense, le peuple juif posséderait la Terre sainte et serait béni par la prospérité et la victoire sur ses ennemis.

Les Dix Commandements, supposés avoir été donnés au prophète Moïse par Dieu, jouent un rôle clé tant dans le judaïsme que dans le christianisme. Ils comprennent un ensemble de principes concernant le culte et l'éthique, des règles telles qu'observer le Sabbat ou ne pas commettre de meurtre, de vol et d'adultère. Les Dix Commandements sont répertoriés dans le texte sacré du judaïsme, la Bible hébraïque. La plupart des personnes connaissent la Bible hébraïque comme l'Ancien Testament chrétien. Les cinq premiers livres, constitués de Genèse, Exode, Lévitique, Nombres et Deutéronome, sont appelés la Torah et revêtent une importance particulière.

Les Juifs la voient à la fois comme un témoignage de leur histoire ainsi que des comportements moraux qu'ils doivent suivre. L'identité juive découle principalement de la culture puis des traditions de leur peuple. Les croyances juives varient considérablement sur les questions théologiques. Il existe pourtant trois mouvements principaux qui représentent certaines croyances théologiques : le judaïsme orthodoxe, très traditionnel ; le judaïsme réformé, plus libéral ; et le judaïsme conservateur, entre les deux.

Fête juive

Pessa'h, ou la Pâque juive, commémore l'exode des Hébreux hors d'Égypte et la fin de leur esclavage qui dura quatre-cent-trente ans. Guidés par Moïse, les Israélites sortirent d'Égypte en traversant la mer Rouge qui s'assécha pour qu'ils puissent la franchir à sec. Les flots se refermèrent sur les troupes du pharaon, qui se noyèrent. La fête de Pessa'h se déroule chaque année au mois d'avril, fête commémorative au cours de laquelle les familles se rassemblent. Au cours de celle-ci, il est interdit d'utiliser un ustensile de cuisine ou de la vaisselle susceptible d'avoir été en contact avec du levain..

Le christianisme

La deuxième religion monothéiste que je vais vous présenter est la plus importante en volume de fidèles, le christianisme. Le christianisme est la religion la plus répandue dans le monde, avec deux milliards d'adeptes, soit près d'un quart de la population de la planète. Pourtant, la plupart des chrétiens vivent en Europe ou sur le continent américain. Comme précisé plus haut, le christianisme croit au même Dieu que le judaïsme. Cependant, le christianisme considère celui-ci comme une Sainte Trinité :

Dieu, Créateur et Père céleste ;

Jésus-Christ, Fils de Dieu et Rédempteur ;

Le Saint-Esprit, l'expérience personnelle que fait un croyant de la présence de Dieu.

Le christianisme a débuté comme une branche du judaïsme, se basant sur la vie et les enseignements de Jésus de Nazareth, prophète juif, qui a diffusé un message de salut personnel. Les chrétiens croient que Jésus est divin et qu'il est le sauveur de l'humanité. Durant le premier siècle d'un calendrier se basant sur sa présence, Jésus a été condamné à mort par crucifixion. Sa mort est considérée comme la raison du salut et de la vie éternelle pour tous, par la grâce divine. C'est pourquoi la croix est devenue un symbole chrétien sacré. Selon la croyance chrétienne, trois jours après son exécution, Jésus est ressuscité d'entre les morts, montrant ainsi qu'il était le Fils de Dieu.

Le texte sacré du christianisme est la Bible, composée de l'Ancien Testament, rejoignant la Bible hébraïque et du Nouveau Testament, et qui, entre autres, raconte la vie de Jésus. Comme mentionné précédemment, les Dix Commandements jouent un rôle fondamental dans la doctrine chrétienne. La plupart des chrétiens croient que ceux qui acceptent le salut par Jésus et suivent les Dix Commandements seront récompensés en arrivant au paradis. Les pécheurs qui ne se repentent pas ou qui rejettent Dieu seront punis en enfer. Au fil du temps, le christianisme a pris diverses formes, notamment l'Église catholique romaine, l'Église orthodoxe et le protestantisme. Aujourd'hui, il existe des centaines de confessions protestantes. Aux États-Unis, des dizaines de ces dénominations, les baptistes et les méthodistes étant les deux plus importantes, comptent un nombre d'adeptes considérable.

L'islam

L'islam est une religion monothéiste apparue en Arabie, à La Mecque, au VIIe siècle. L'islam est une religion abrahamique, qui s'inscrit donc dans la continuité des religions juive et chrétienne, mais son prophète est Mahomet, le dernier selon cette croyance à avoir rapporté la parole d'Allah, ce qui signifie Dieu, en arabe. Ce prophète, qui aurait reçu le dernier message d'Allah, énonce différents principes religieux, proches des religions chrétienne et juive. Ces principes religieux, dictés à Mahomet et transmis à ses disciples sont contenus dans un livre, le Coran, qui contient selon les musulmans la parole d'Allah. Pour la majorité des musulmans, le Coran est l'œuvre de Dieu, il n'a pas d'autre créateur. D'après les études historiques, ce texte sacré de l'islam a été rédigé pendant les siècles qui ont suivi la vie de Mahomet, par ses disciples et leurs successeurs. D'autres textes sont importants dans l'islam, mais ils n'ont pas la même dimension sacrée, les hadîths ou la sîra notamment.

L'islam se revendique, entre autres, d'Adam, d'Abraham (Ibrahim), de Noé (Nouah), de Moïse (Moussa), de David (Daoud) et de Salomon (Souleymane). Comme le christianisme, l'islam tire ses racines du judaïsme. Jésus (Issa) est considéré comme un prophète très important, mais pas comme Dieu, ni comme le Fils de Dieu. Les fidèles de cette religion s'appellent les musulmans. Les musulmans ont fait la conquête d'une grande partie du pourtour méditerranéen pendant le Moyen Âge, dominant cet espace durant plusieurs centaines d'années, à travers différents empires. Aujourd'hui, l'islam est une religion majoritaire dans plusieurs régions du monde, notamment en Afrique du Nord, au Moyen-Orient et dans certains pays d'Asie du Sud-Est. Elle représente 25 % des fidèles religieux sur terre, soit environ 1,8 milliard de croyants. Cela ne signifie pas que tous les musulmans croient dans les mêmes principes, ou ont les mêmes idées, mais ils partagent cependant une appartenance à une communauté (oumma) et à une culture commune.

Mahomet, membre de la puissante tribu mecquoise de Quraych, naît vers 570 et grandit à La Mecque, en Arabie. Il devient caravanier et épouse une riche veuve. Ses affaires prospèrent. Puis, un jour, il déclare avoir reçu une révélation de la part de l'archange Gabriel. Dans son récit, il dit que l'ange l'a informé qu'il était prophète de Dieu. Il se met alors à recevoir les révélations divines du Coran pendant 23 ans, de ses 40 ans jusqu'à sa mort, en 632. Il est fréquent de penser que tous les Arabes sont musulmans, et que tous les musulmans sont Arabes : c'est un stéréotype, un amalgame. La raison de cette confusion est historique. L'islam est très vite devenu la religion majoritaire du monde arabe et le Coran a aussi été le premier livre écrit en langue arabe. Suite aux conquêtes et aux conversions au cours de l'expansion de l'empire musulman, pendant les mille ans qui ont suivi, le pourcentage des populations arabes a diminué parmi les musulmans. Aujourd'hui, il y a énormément de musulmans non-arabes. Le pays musulman le plus important, en termes de population, est l'Indonésie. Par ailleurs, certains Arabes ne sont pas musulmans, mais chrétiens ou juifs, voire sans religion, comme à peu près le tiers des Libanais. L'islam est surtout présent en Afrique, au Moyen-Orient et en Asie. Il y a plus d'un milliard et demi de musulmans dans le monde. L'islam est également l'une des religions les plus grandissantes au monde.

L'islam se divise en deux branches principales :

Le sunnisme, courant le plus important (entre 85 et 90 % des musulmans) ;

Le chiisme, majoritaire en Iran et en Irak (entre 10 et 15 % des musulmans).

Il existe en outre plusieurs écoles d'interprétation des textes sacrés :

Le chaféisme ;

Le hanbalisme ;

Le malikisme ;

Le hanafisme.

Enfin, différents mouvements ou courants coexistent :

Le soufisme est une branche ésotérique de l'islam, qui existe à la fois dans le sunnisme et le chiisme. Elle est minoritaire au Maghreb, en Turquie, en Afrique et au Proche-Orient ;

L'ibadisme, surtout présent dans le sultanat d'Oman, représente une toute petite minorité des musulmans de la planète ;

Le babisme, créé en Iran au XIXe siècle ;

Le wahhabisme ;

Le salafisme ;

Le takfirisme.

L'islam est la soumission et l'obéissance à Dieu et à son unicité divine (tawhid), ainsi que le désaveu du polythéisme et de ses adeptes.

Les cinq piliers de l'islam (arkân al-Islam) sont :

La profession de foi, qui consiste à croire et à déclarer (chahâda). Il n'y a pas de divinité en droit d'être adorée si ce n'est Dieu, et Mahomet est son prophète ;

Faire les cinq prières rituelles (salât) par jour (Sobh, Dhuhr, 'Asr, Maghreb et 'Ichâ') en respectant les règles ;

Donner l'aumône musulmane, appelée zakât ;

Jeûner pendant la période du mois de ramadan (c'est le saoum) ;

Aller une fois dans leur vie en pèlerinage à La Mecque (hajj), si on en a les moyens physiques, moraux et financiers.

Le ramadan

Le ramadan est une fête religieuse capitale dans la vie des musulmans. Il célèbre le moment où Allah a révélé le Coran, les textes sacrés de la religion islamique, au prophète Mahomet. Cette révélation, baptisée la « Nuit du Destin », a eu lieu pendant le mois de ramadan. Pour le célébrer, le jeûne a été instauré durant ce mois sacré, la seconde année du calendrier musulman, soit en 624 de l'ère chrétienne. Le ramadan fait partie des cinq piliers de l'islam énoncés plus haut.

Le ramadan a lieu le neuvième mois du calendrier musulman, lequel compte environ 354 jours. Ce neuvième mois avance par conséquent de dix jours chaque année, changeant la date annuelle du ramadan. Le calendrier musulman (calendrier hégire) est un calendrier lunaire, qui suit le rythme de la lune. La tradition se fonde sur l'observation de cette dernière pour déterminer le début du ramadan. L'apparition du premier quartier dans le ciel indique la veille de son début. Si le ciel est couvert, ce dernier débute selon des calculs astronomiques.

Cette période dure 29 ou 30 jours. La racine du mot ramadan est dérivée de l'arabe ramida ou al-ramad qu'on peut traduire par « chaleur intense ». Pendant le ramadan, tous les musulmans ont l'obligation de jeûner, du lever au coucher du soleil, dès la puberté. C'est une manière pour les croyants de se surpasser et de comprendre que la vie n'est pas toujours facile. Seules les personnes fragiles, âgées, atteintes de certaines maladies et les femmes enceintes peuvent se soustraire à ce jeûne. Dès que le soleil se couche, les musulmans arrêtent de jeûner et se retrouvent en famille pour un dîner copieux, pour partager par exemple une chorba, qui est comparable à une copieuse soupe.

Si les musulmans ne doivent ni manger, ni boire pendant la journée, ils ne doivent pas non plus fumer, ni avoir de relations intimes. Ils doivent aussi pratiquer l'aumône, en versant de l'argent à la mosquée ou bien à une personne dans le besoin.

Les religions d'Asie

L'Asie apparaît comme l'épicentre des principales religions po-
lythéistes, lesquelles ont laissé, au cours des siècles, une empreinte dans l'histoire, mais aussi dans l'art et la littérature. Il
faut citer l'hindouisme, principale religion d'Inde, le bouddhisme, qui a rayonné sur toute l'Asie et le shintoïsme, qui s'est
essentiellement développé au Japon. L'hindouisme, religion
polythéiste, pratiquée par la majorité des habitants du monde
indien et fondée sur le Veda, est l'héritière du védisme et du
brahmanisme. Les populations qui se rattachent aux religions
animistes, au parsisme (descendants d'émigrés perses zo-
roastriens), au judaïsme, au christianisme ou à l'islam sont ex-
clues de cette appellation. En sont également exclus les sikhs,
dont la religion est fondée sur un syncrétisme, c'est-à-dire une
combinaison de l'hindouisme et de l'islam.

L'hindouisme est issu d'une tradition millénaire qui n'a pas de
fondateur. Il occupe une place exceptionnelle dans l'histoire
par la très grande ancienneté de ses textes sacrés. Les shruti
(littéralement « audition ») contiennent les révélations faites
par les premiers sages. Les textes ultérieurs sont appelés
smrite (« mémoire ») et forment la tradition religieuse. L'ensemble de ces croyances et pratiques religieuses est décrit
dans le Veda, ce qui signifie « savoir », « science », recueils
techniques de formules liturgiques rédigés en sanskrit ancien
entre 1800 et 800 avant notre ère. Ces hymnes transmis ora-
lement pourraient avoir été créés au Ve millénaire. Le Rig-
Veda, Hymnes aux divinités, en est la partie la plus ancienne,
consacrée aux différents dieux. Le 129e hymne raconte l'histoire de la création et décrit le néant originel. Nous y retrouvons
l'essentiel des thèmes fondamentaux de la philosophie indienne, qui exalte la puissance du sacrifice et dont le but ultime
est la délivrance.

Le Samaveda est un manuel à l'usage des chantres,
chanteurs des célébrations liturgiques, présenté
sous la forme d'un recueil de mélodies destinées à
produire des effets magiques ;

Le Yajurveda révèle les formules sacrificielles que les prêtres
doivent utiliser pour le culte rendu aux divinités ;

L'Atharvaveda consigne les formules magiques appropriées pour faire fuir les puissances hostiles, mais aussi pour permettre la réalisation de bonnes choses ;

Les Brahmanas sont des commentaires en prose, écrits sous forme spéculative, afin d'expliquer les rites. Ce sont des interprétations du Brahman, le Soi suprême, la Totalité, fondement divin de tout ce qui existe, et par la même occasion, une première tentative pour expliquer l'existence du monde ;

Les Aranyaka, traités forestiers, sont destinés à être récités en dehors des agglomérations, compte tenu de leur caractère ésotérique dangereux ;

Les Upanishad abordent sous forme spéculative les rapports entre l'âme humaine et l'âme cosmique, le Brahman ;

Les Sutras, qui décrivent des cérémonies religieuses, des sacrifices et la manière de les accomplir, sont des aphorismes destinés à être appris par cœur.

Le bouddhisme

Le bouddhisme est une philosophie originaire d'Inde. Elle repose sur l'enseignement de Bouddha, qui s'intéressait à la vie, au bonheur et à la vérité. Le bouddhisme est une religion fondée par Siddharta Gautama. Nous appelons les fidèles du bouddhisme les bouddhistes. Cette religion est basée sur un calendrier lunaire, ce qui signifie que les célébrations ainsi que les jours suivent les différentes lunes. Le bouddhisme est une philosophie du bonheur. Elle repose sur une pratique quotidienne de l'enseignement de Bouddha. Les bouddhistes apprennent à voir la réalité comme elle est vraiment, car ils recherchent la vérité. Ils recherchent aussi le bonheur. Comme ils souhaitent être heureux, ils apprennent à être justes et honnêtes. Le lotus symbolise la sagesse du bouddhisme. La roue du Dharma à huit branches représente les quatre nobles vérités et les huit marches.

Les guides spirituels dans le bouddhisme

Le moine, en tant que guide spirituel, il partage son enseignement ;

Le maître, il supervise la formation des moines ;

Le maître accompli, Bouddha en devenir, il aide les autres à s'éveiller ;

Le panchen-lama, il est le bras droit du dalaï-lama ;

Le dalaï-lama est le chef spirituel et politique des Tibétains.

Bouddha est à la base de la religion. Il est comme un dieu pour les pratiquants du bouddhisme. Le temple est le principal lieu de culte, mais il y a aussi la pagode, le monastère, le sanctuaire domestique, le stupa et quelques lieux dans la nature. Les Trois Corbeilles (Tripitaka) est un recueil de textes sacrés qui furent, d'après les pratiquants, écrits par Bouddha. Dans ces Trois corbeilles se retrouveraient les trois entraînements qui permettraient d'atteindre l'éveil. Parmi les rites bouddhistes importants, nous trouvons les cérémonies liées à la naissance, les rites pré-funéraires et funéraires, les offrandes faites aux moines ou à Bouddha, la pratique d'exercices qui permettent d'accéder au Nirvana (l'éveil), les pèlerinages, les prières, la lecture du Tripitaka (récits et règles) et enfin, chez les lamaïstes tibétains, le Kagyur.

Les fêtes en l'honneur de Bouddha

Le jour du Bouddha (Vesak), qui célèbre sa naissance, son éveil et sa mort ;

La fête en l'honneur des moines et de la vie monastique (Sangha) ;

Le theravada, fête qui célèbre le nouvel an bouddhique. Les fidèles célèbrent généralement cette fête à la pleine lune du mois d'avril, entre le 13 et le 16 avril. Les célébrations durent trois longs jours, durant la période la plus chaude de l'année. Afin de bien se préparer, les fidèles nettoient la maison de fond en comble dans le but de renouveler leurs vœux d'engagement envers le bouddhisme et de les purifier du mal accumulé pendant l'année. Les célébrations sont très diversifiées, mais presque toutes sont reliées au thème de l'eau.

En effet, nous trouvons par exemple des courses de bateau, des batailles d'eau et des danses. De plus, près des rivières, les fidèles construisent de grands monuments de sable représentant la mort de Bouddha et qui seront détruits afin de symboliser le grand nettoyage.

Lors du jour de l'an, les fidèles se dirigent vers la pagode dans le but d'arroser d'eau les diverses statues représentant Bouddha. C'est un moment de l'année où les personnes viennent beaucoup en aide aux autres, ainsi qu'aux animaux en difficulté. Cette fête marque la fin de la saison des récoltes.

La spiritualité

Nous avons vu jusqu'à maintenant les différentes religions qui existent dans le monde et nous sommes intéressés aux particularités de celles-ci. Pour la fin de ce chapitre, nous nous intéresserons à la spiritualité.

La spiritualité, c'est la croyance qu'il y aurait, après la mort physique, c'est-à-dire la mort du corps, une autre vie, dont profiterait quelque chose qui s'apparenterait à l'âme. Quelque chose qui serait séparé du corps, mais relié en un sens à celui-ci. La notion de spiritualité, du latin ecclésiastique spiritualitas, comporte aujourd'hui différentes acceptions selon le contexte de son usage. Elle se rattache conventionnellement, en Occident, à la religion dans la perspective de l'être humain en relation avec des êtres supérieurs, dieux et démons et le salut de l'âme. Elle est liée philosophiquement à l'opposition de la matière et de l'esprit, ou encore de l'intériorité et de l'extériorité. Elle qualifie l'activité de l'esprit comme se rapportant à lui-même, séparément de ce qu'il n'est pas ou plus. Par conséquent, est compris comme spirituel tout ce qui se rattache à la nature de l'esprit. Les spiritualités juive, chrétienne et musulmane se sont développées sans véritable concurrence pendant de nombreux siècles en Occident, jusqu'au siècle des Lumières. Dans tous les pays où ces religions n'étaient pas parvenues à s'imposer, des spiritualités locales ont cependant continué à se développer. Différentes pratiques sont issues des spiritualités religieuses

La méditation, la prière, la lecture de textes sacrés et de leurs commentaires, l'audition par les lectures à voix haute, prêches ;

Le travail manuel ou intellectuel, la lecture d'ouvrages savants ou d'autres traditions, l'écriture, le chant notamment de musique sacrée, les « bonnes œuvres » c'est-à-dire les secours aux nécessiteux ou aux malheureux, aux prêches, instruction ;

La réflexion, l'engagement dans la société, la rencontre et surtout le dialogue.

Certaines de ces activités sont solitaires, d'autres collectives, certaines se vivent dans la réclusion volontaire telle qu'une cellule monastique et d'autres « à l'extérieur », dans la société civile. Certaines sont contemplatives, d'autres d'un aspect plus pratique. Le choix des activités et l'importance relative donnée à chacune permettent d'approcher la « spiritualité » qui diffère à chaque courant spirituel. Toutes ces activités sont expressément définies et organisées lorsque l'expérience spirituelle est vécue au sein d'un monastère, ou son équivalent tels que couvent, Ashram, confrérie…, les tâches domestiques sont alors également incluses dans le champ de la pratique spirituelle et donc stipulées par la Règle monastique.

Nous avons donc vu dans ce chapitre un aperçu des différentes religions, de leurs fêtes et ce qui les caractérisait. Vous êtes maintenant incollables sur le christianisme, le bouddhisme ou encore la spiritualité.

Chapitre 8

La musique et le cinéma

Dans ce chapitre, nous allons nous pencher sur l'histoire de la musique et du cinéma à travers le temps. Nous verrons l'évolution de ces deux arts durant les différentes époques et les styles qui les ont marqués.

Même si nous n'avons pas de traces d'écriture musicale avant le Moyen Âge, nous savons, grâce aux instruments retrouvés lors des fouilles archéologiques, que la musique est née avec les premiers hommes, en période du Paléolithique. Ces derniers s'inspiraient des sons qu'ils entendaient dans la nature. D'une part, les bruits produits par les quatre éléments, à savoir l'eau, la pluie, les vagues. Puis la terre, tremblements de terre, éboulis, l'air avec le vent, le tonnerre... et le feu, incendies, craquements de branches. D'autre part, les cris des animaux, et notamment le chant des oiseaux. L'homme a cherché à imiter ces sons en créant des instruments avec ce qu'il trouvait dans la nature, des roseaux, des os évidés, des percussions sur peaux d'animaux, des arcs musicaux...

En 2008, les fragments d'une flûte vieille de 35 000 ans ont été découverts dans la grotte de Hohle Fels, en Allemagne et c'est à ce jour le plus vieil instrument de musique du monde jamais découvert. C'est en « organisant » ces sons que les hommes ont commencé à créer de la musique. Celle-ci était sacrée. C'était en effet de la musique « incantatoire », car elle servait à communiquer avec les esprits ou à demander de l'aide aux dieux. Aujourd'hui, cette pratique existe encore chez certaines peuplades primitives. Pour l'Antiquité, aucune trace d'écriture musicale ne nous est parvenue, mais les archéologues ont retrouvé des peintures et objets de la vie courante illustrés de scènes dans lesquelles l'homme joue de la musique. En Grèce, on utilisait des flûtes, cithares, crotales qui sont des petites cymbales, harpes, tambourins, flûtes de pan. À Rome, les légions jouaient de la trompette droite et du buccin, une trompette ronde.

Moyen Âge

Durant de nombreux siècles, la musique s'est exclusivement transmise via la tradition orale. Les difficultés de mémorisation et de diffusion des mélodies et des chants vont progressivement favoriser l'émergence d'un codage musical, qui va permettre de conserver une trace écrite, c'est la naissance des premières partitions. Au IXe siècle, apparaissent les neumes, du grec neûma signifiant « signe », les ancêtres de nos notes. Ce sont de petits signes placés au-dessus des paroles dans le but de donner des indications sur la mélodie. Graduellement, l'écriture musicale va se codifier. Il sera d'abord écrit sur une ligne, puis deux, jusqu'à adopter au XIIe siècle une portée à quatre lignes.

Deux types de musique vont coexister au Moyen Âge, la musique religieuse et la musique profane. La musique religieuse est constituée essentiellement de ce que nous appelons le chant grégorien. C'est une mélodie chantée a cappella, c'est-à-dire sans accompagnement d'instruments, à l'unisson avec une même ligne de chant pour tous et sans rythme. Les moines, qui étaient les seuls à savoir lire et écrire, ont composé ces chants, conservés sur des parchemins. La musique profane avait pour unique objet de distraire. Des musiciens ambulants jouaient sur les places des villages pour amuser et faire danser les habitants. Les « troubadours » ou « trouvères » composaient des chansons qui parlaient d'amour.

La « pastourelle » est un exemple de musique médiévale. C'est un genre de chanson poétique, un poème chanté, composé de strophes alternant dialogues et parties narratives. Les pastourelles se déroulent généralement dans une atmosphère bucolique et mettent en scène les tentatives de séduction d'une jeune bergère par un chevalier. Les instruments de l'époque sont la vielle, le luth, le tambour et le sistre. Ce dernier est un instrument à percussion sur lequel s'entrechoquent des coquilles, des coques de fruits, des rondelles métalliques. Le Moyen Âge marque aussi les débuts de la polyphonie, où plusieurs voix se répondent et se superposent. *Va rossignol*, de Clément Janequin, 1485-1558, très célèbre chanson avec une superposition de quatre voix, en est un parfait exemple. La musique médiévale va s'enrichir progressivement et marquer, dès le début du XVe siècle, le début de la période suivante, la Renaissance.

Renaissance et baroque

La musique de la Renaissance couvre environ deux siècles. Elle se situe entre le Moyen Âge et le style baroque, c'est-à-dire de la deuxième moitié du XVe siècle jusqu'à la moitié du XVIIe siècle. L'époque baroque se termine en 1750, à la mort de Jean-Sébastien Bach. Au XVIe siècle, la musique commence à s'éloigner de l'Église, qui perd progressivement son pouvoir absolu. Elle est envisagée comme un divertissement qui s'adresse aussi aux hommes, les œuvres musicales étant jusqu'alors exclusivement des œuvres religieuses destinées à la gloire de Dieu. La musique acquiert une plus grande liberté d'expression et une diversité de thèmes, nous parlons alors de « renaissance musicale ». L'imprimerie va, en parallèle, permettre une diffusion plus rapide et efficace des œuvres composées, qui ne cessent de s'enrichir. De nombreux instruments de musique sont également créés durant la Renaissance, parmi lesquels la viole de gambe, la lyre, le luth, une évolution de la vielle ou même la harpe.

Au XVIe siècle, est inventé l'opéra. Le principe de l'opéra est de proposer un poème ou une pièce de théâtre dont les dialogues et paroles sont toujours chantés. Claudio Monteverdi (1567-1643) est un compositeur majeur de ce nouveau genre et son œuvre intitulée L'Orfeo (1607) est considérée comme le premier opéra de l'histoire. Au XVIIe siècle, Jean-Philippe Rameau (1683-1764) écrit les premiers opéras français, notamment Les Indes galantes. Jean-Baptiste Lully (1632-1687) est connu pour être le compositeur préféré de Louis XIV. Il collabore spécifiquement avec Molière pour la comédie-ballet du Bourgeois gentilhomme, dans laquelle il allie danse et musique instrumentale. Au XVIIIe siècle, le langage musical est en pleine évolution.

La musique baroque est à la fois rigoureuse et construite de façon quasi-mathématique, mais aussi fantaisiste et laissant une place à l'improvisation. Les grands noms de la musique baroque sont Antonio Vivaldi, Jean-Philippe Rameau, Georg

Friedrich Haendel et Jean-Sébastien Bach. La période baroque est aussi marquée par les débuts de la musique de chambre, laquelle est jouée par un petit groupe de musiciens. Il faut savoir qu'autrefois la chambre était une pièce qui pouvait tout aussi bien servir à travailler, recevoir ou se divertir que dormir ! La musique de chambre est composée pour un nombre réduit d'instruments, qui dialoguent entre eux, s'écoutent et se répondent.

La musique classique

La période dite « classique » va s'étendre de la seconde moitié du XVIIIe siècle jusqu'au tout début du XIXe siècle. Liaison entre la période baroque et la période romantique, c'est l'âge d'or de la musique instrumentale, avec l'apparition de nouveaux instruments, comme le piano-forte, (se prononce for-té). Celui-ci détrônera progressivement le clavecin, en raison de ses qualités expressives. Son nom vient du fait qu'il pouvait produire des sons forts (forte) et doux (piano). C'est à cette période également que se développent les sonates, les quatuors, et autres concertos et symphonies. C'est aussi la naissance du grand orchestre symphonique. Trois grands compositeurs ont particulièrement marqué cette période. Mozart (1756-1791), Haydn (1732-1809) et Beethoven (1770-1827). Ce dernier établit d'ailleurs le lien avec l'époque suivante, la période romantique.

La musique classique recherche l'équilibre et la perfection des formes et du langage musical, que ce soit au niveau du rythme, de la mélodie ou des harmonies. Les compositeurs de cette époque recherchent la rigueur, l'élégance et la légèreté. Prenons l'exemple des Danses allemandes, de Mozart, interprétées par un orchestre de chambre. Cette musique très structurée comporte trois sections. La section A est jouée dans un tempo rapide par tout l'orchestre ; la section B prend un tempo plus lent et est jouée moins fort ; la troisième section est une redite de la première. Il y a ainsi une symétrie autour de la section du milieu. La forme est donc A–B–A. Symétrie et répétitions sont ainsi des principes de compositions importants pour ces musiciens qui recherchent l'équilibre. De plus, l'auditeur aura plaisir à retrouver une mélodie déjà entendue ! Pourquoi parle-t-on d'orchestre « de chambre » ?

Sous l'Ancien Régime, la « chambre » désigne l'appartement privé du roi. À partir de François Ier, nous distinguons dans le domaine musical la chambre (musique profane), la chapelle (musique religieuse) et l'écurie (divertissements de plein air). Le début du XIXe siècle est marqué par l'esprit de la Révolution française, qui influence également la musique. Les artistes se libèrent petit à petit du pouvoir des princes, laissant place à des créations plus personnelles. Grâce à l'apparition de salles de concerts, les musiciens vont se produire devant un plus large public et s'assurer une autre source de revenus.

Le romantisme

Cette période couvre la majeure partie du XIXe siècle. Beethoven, 1770-1827, en assure la transition avec la période classique en repoussant les limites formelles exprimées précédemment. Si la musique classique était légère et sereine, la musique romantique est plutôt passionnée. Elle permet d'y exprimer ses sentiments, joie, tristesse, désespoir, colère, maladie, révolte, exaltation... Les tourments de l'âme, l'imaginaire et la sensibilité l'emportent sur la raison. Le piano, qui est l'instrument roi de cette époque, permet d'exprimer toute la palette de ces différents sentiments. Les compositeurs s'inspirent également de grands textes romantiques pour composer leur musique, tels que ceux de Goethe ou de Shakespeare. Parmi les musiciens phares de cette époque, citons Chopin, Liszt, Brahms, Schubert et Schumann. Frédéric Chopin, 1810-1849, est un musicien et pianiste virtuose emblématique de cette époque. Il écrit principalement pour le piano et sait en tirer toutes les nuances possibles. Il mélange la musique populaire polonaise avec sa propre inspiration romantique. À l'âge de 25 ans, il tombe malade de la tuberculose et ses souffrances sont exprimées dans ses œuvres, profondément mélancoliques.

L'époque moderne

Nous appliquons ce terme à la première partie du XXe siècle. Il n'y a pas vraiment d'unité musicale à cette période, l'idée des compositeurs étant de se libérer des modèles précédents et de trouver de nouvelles règles. La musique comme la société se modernisent. Cette époque débute avec ce qui sera appelé par la suite le « post-romantisme » dont Debussy et Ravel sont l'incarnation. Les compositions pour piano de Debussy sont très évocatrices. Les nuances et les rythmes sont complexes, il recherche des influences dans la musique orientale, des harmonies raffinées… Il s'inscrit dans un courant impressionniste, donc très expressif, dans lequel les notes veulent remplacer les couleurs des peintres. En 1894, Debussy compose le Prélude à l'après-midi d'un faune, un poème symphonique inspiré d'un poème de Mallarmé évoquant les rêves d'un faune. La musique, « impressionniste », laisse planer une impression mystérieuse, envoûtante. Les mélodies se croisent et forment comme une « peinture sonore ». Ravel, comme son aîné Debussy, est, lui aussi, un représentant de ce courant impressionniste et son œuvre se caractérise par une très grande diversité de genres. En témoigne le Boléro (1928), œuvre inclassable qui est l'une des compositions les plus célèbres et les plus jouées de toute l'histoire de la musique. Il paraît même que Georges Lucas pensait initialement utiliser le Boléro pour en faire le thème musical de son film Star Wars. En 1913, Igor Stravinski, compositeur russe, présente au public du Théâtre des Champs-Élysées une œuvre qui sera qualifiée de « révolutionnaire et scandaleuse », Le Sacre du printemps. Pas d'histoire dans cette œuvre, mais l'évocation d'un rite païen célébrant l'arrivée du printemps. Avec cette musique, Stravinski choque délibérément, car il utilise les instruments à vent de manière nouvelle et essaie de modifier leur timbre. Il bouleverse les règles de l'harmonie, casse les formes habituelles et utilise les percussions pour évoquer des images de danses tribales. Son objectif n'est pas d'atteindre la beauté et l'équilibre, mais il bouscule la musique en y apportant une certaine brutalité.

Dès la seconde moitié du XIXe siècle, le rapport à la musique, pour celui qui l'écoute comme pour celui qui la crée, va se trouver révolutionné grâce à de nombreuses avancées techniques. Notons l'usage de l'électricité ainsi que l'invention de l'enregistrement sonore en 1877. À partir de 1898, ces enregistrements sont commercialisés, tout d'abord sous forme de cylindre avec le phonographe, puis de disque, avec le gramophone. C'est le début de l'industrie de la musique enregistrée. Dorénavant, la présence d'un musicien n'est plus indispensable pour écouter de la musique, et nous allons assister tout au long du siècle à une multiplication des sources de diffusion, notamment avec le développement de la radio dans les années 1920.

Avec l'invention de l'enregistrement, la musique traditionnelle non écrite va peu à peu disparaître. Venue des États-Unis, l'industrie du disque va se développer un peu partout, de concert avec la culture de la musique, s'intercalant entre musique classique et musique traditionnelle. Avec la musique amplifiée, la production et la diffusion de la musique font leur révolution. Dès les années 1930, la guitare électrique fait son apparition dans les orchestres de jazz de la Nouvelle-Orléans. Cette amplification changera l'économie du spectacle vivant. Elle permettra de mettre en place de grands concerts, mais avec des formations beaucoup plus resserrées. Les énormes orchestres vont ainsi disparaître. Une baisse significative des coûts et une plus grande facilité de diffusion de la musique participent à l'évolution de cette culture de masse. C'est en allant jusqu'au bout de cette logique que nous voyons apparaître le DJ et la musique assistée par ordinateur (MAO). Dès les années 1960, l'amplification implique tous les instruments. Un certain nombre de courants musicaux que s'approprient les jeunes, en réaction à leurs aînés, apparaissent à la suite du rock'n'roll, nous pensons ici au hard rock, au reggae venu de Jamaïque, au rap, etc.

L'époque contemporaine

Cette période commence dans la deuxième partie du XXe siècle. Il devient difficile d'identifier une tendance puisque plusieurs formes de langage vont coexister. La révolution musicale se poursuit, notamment avec le compositeur autrichien Arnold Schönberg (1874-1951) qui fut le premier à s'affranchir de la musique tonale. Rappelons que la tonalité utilise une note de référence, la tonique, autour de laquelle sont organisées les autres notes. Nous parlons par exemple d'une œuvre en sol mineur. C'est ce qui donne sa couleur au morceau. Avec Schönberg, ce système éclate. Il n'y a plus de tonalité, mais un système de douze sons, dit « dodécaphonique », qui permet d'organiser un cadre formel à ces sons et qui se substitue au système tonal. Ici, tous les sons sont égaux, c'est la naissance de la « musique sérielle ». Citons pour exemple l'une de ses œuvres les plus connues, le Pierrot lunaire.

À cette époque, la musique se développe dans une pluralité de styles, dont voici quelques exemples. La « musique répétitive » de Steve Reich (né en 1936) crée une musique avec de courts motifs qui sont repris de manière régulière, nous parlons aussi de « minimalisme ». L'une de ses œuvres les plus connues est Music for 18 Musicians. La musique devient « expérimentale » avec le compositeur John Cage qui invente le « piano préparé ». Le concept repose sur une modification du son du piano, hauteur, timbre, durée des notes…. Pour cela, le musicien doit placer des objets à l'intérieur du piano et sur les cordes, tels que des morceaux de papier, balles, pièces de bois ou de plastique. L'invention de l'électricité a eu des conséquences importantes sur la musique. Les sons, de toutes provenances, peuvent être transformés, amplifiés et des sons réels sont enregistrés pour être introduits dans des compositions.

Pierre Henry, considéré comme le père de la musique électroacoustique, compose en 1963 Variations pour une porte et un soupir en utilisant pour seule matière sonore, le son du grincement d'une porte ! Par ailleurs, haut-parleurs et ordinateurs vont progressivement se retrouver au service de la composition. Les musiciens sont également techniciens et ingénieurs du son, avec des enregistrements de sons synthétiques, des collages, des mixages. La création musicale est assistée par ordinateur. Citons par exemple la célèbre Messe pour le temps présent, du même Pierre Henry, composée en 1967 à partir de sons électrifiés, mais pas que…, et avec des effets sonores extraordinaires. Le XXe siècle est par ailleurs le siècle qui, avec le développement des progrès techniques, voit apparaître le plus de nouveaux styles musicaux. Ne pouvant être classées ni dans la musique dite savante, classique et romantique, ni dans la musique traditionnelle, de nouvelles formes musicales continuent de voir le jour sous les vocables « musiques actuelles » ou « musiques amplifiées ». Dans les années 1960, un mouvement de rock'n'roll blanc se développe. Elvis Presley, surnommé « Le King », s'inspire fortement de la musique noire américaine. Par la suite, il n'y aura plus de clivage entre « musique noire » et « musique blanche ». Les groupes s'inspirent de la culture et des influences des uns et des autres. Le phénomène de groupes mondialement connus voit le jour avec les Beatles, les Rolling Stones, les Who… Des groupes qui déchaînent les foules et se produisent à travers des concerts et des tournées spectaculaires. D'autres courants musicaux apparaissent après les années 1960 et cohabitent au sein d'un paysage musical très diversifié.

Le punk est apparu dans les années 1970. Les Ramones sont considérés comme les créateurs et précurseurs de la musique punk. C'est un genre dérivé du rock'n'roll et associé au mouvement punk qui délivre dans des chansons assez rudes des messages, parfois politiques. Les Sex Pistols et les Clash seront les autres grands pionniers de cette musique. Le reggae émerge à la fin des années 1960. C'est une musique populaire jamaïcaine, fusion de différents courants musicaux comme le jazz, le rock, mais aussi de diverses musiques africaines. Cette musique est reconnue internationalement et son principal porte-parole est Bob Marley.

Le hard rock est apparu à la fin des années 1960 et se popularise avec des groupes comme AC/DC ou Led Zeppelin. Par extension, l'expression hard rock est également utilisée pour désigner des genres comme le heavy metal, afin de les distinguer de la pop et du rock.

Le grunge est apparu au milieu des années 1980. C'est une sorte de dérivé du rock et du heavy metal qui connaîtra le succès commercial avec le groupe Nirvana au début des années 1990. Le rap, signifiant « rhythm and poetry », est dérivé du mouvement hip-hop, qui est né dans les ghettos des États-Unis au milieu des années 1970. Ce sont des phrases scandées sur un rythme saccadé et répétitif, souvent accompagnées musicalement par des samples, c'est-à-dire des échantillons d'extraits musicaux, déjà existants. Les thèmes évoqués concernent généralement la pauvreté, la vie dans les banlieues, la drogue. De nombreux styles musicaux se créent, se mélangent et s'enrichissent. Techno, dub, R'n'B, pop, électro, etc. Le champ musical contemporain connaît un nombre impressionnant de déclinaisons !

En 1982, les deux géants du disque, Sony et Philips, font graver les premiers compact discs (CD), nouvelle révolution technologique et musicale. Le succès sera immédiat. Non seulement arrivent en avant la qualité du son, mais aussi « l'objet », qui fera le bonheur des passionnés de musique et des collectionneurs. Cet objet sera rapidement concurrencé par la multiplication des lecteurs de fichiers MP3, d'une capacité supérieure. La création de plateformes musicales de streaming permet aujourd'hui d'écouter de la musique de façon illimitée, gratuitement ou pour le prix modique d'un abonnement mensuel. Si la musique téléchargeable se commercialise à vitesse grandissante, nous pouvons toutefois noter le retour du vinyle chez les amateurs de musique, qui amène certains collectionneurs à payer une fortune pour des disques désormais difficiles à trouver.

L'histoire du cinéma

Le cinéma constitue, à n'en point douter, un monument des arts majeurs. Dans cet article, nous allons tenter la prouesse de vous résumer l'histoire du cinéma, depuis sa création par les Frères Lumière, jusqu'à aujourd'hui. Nous nous attarderons d'abord sur le cinéma muet, souvent méconnu de nos jours, alors que sa place dans l'histoire du cinéma est essentielle, puis nous évoquerons le cinéma parlant et le boom du septième art, post Seconde Guerre mondiale. Enfin, nous nous interrogerons sur la 3D, révolution avortée de la cinématographie, ainsi que les changements apportés à la diffusion et à la production de l'industrie.

L'histoire du cinéma ne peut être comprise sans en étudier l'évolution technologique. Les deux évoluant de pair depuis la création, je vous propose tout d'abord les dates essentielles pour comprendre l'évolution technique du cinéma.

1816 : invention de la photographie par Nicéphore Niépce.

1888 : invention du celluloïd.

1891 : Thomas Edison et les premiers pas du cinéma.

1892 : premier dessin animé.

1895 : création du cinématographe des frères Lumière.

1895 : première séance publique de projection du cinématographe.

1902 : Le Voyage dans la Lune de Georges Méliès, 14 minutes de narration.

1905 : apparition des nickelodéons à Pittsburgh, premières « salles de cinéma ».

6 août 1926 : les frères Warner présentent le Vitaphone, le son au cinéma n'est plus très loin.

6 octobre 1927 : Le Chanteur de jazz, premier film sonore.

1932 : premier film en couleur, Des arbres et des fleurs, de la série Silly Symphonies.

1950 : la télévision devient un objet populaire.

1952 : le cinéma en relief.

1972 : le son Dolby arrive dans les salles.

L'histoire du cinéma doit être étudiée suivant trois piliers, son évolution technologique, son évolution artistique, mais aussi l'évolution de sa diffusion. Parlons dans un premier temps de la projection de l'image, dispositif clé de ce que sera le cinéma par la suite. C'est durant l'Antiquité que l'homme découvre la camera obscura, « chambre noire », ancêtre du cinéma. Grâce à une chambre obscure percée, la lumière du soleil projette sur un mur une image. La projection de ces images devient un spectacle, une attraction divertissante.

Le début de la reproduction du mouvement

Au début du XVIIIe siècle, la lanterne magique fait son apparition. Par un procédé de projection lumineuse sur plaque de verre peinte, une image animée par successions de plaques est projetée devant un public. Bien que rudimentaire, le mouvement de l'image commence à faire son chemin. En parallèle, le concept de persistance rétinienne essentielle à la perception du mouvement voit le jour. Le thaumatrope et le zootrope font leur apparition.

L'invention de la photographie

En 1816, soit près de quatre-vingts ans avant la première projection cinématographique, le chercheur Nicéphore Niépce
parvient à capturer et à reproduire, sur une plaque recouverte
de sel d'argent, une photographie. La capture du réel par re-
production devient possible. Toutefois, son invention paraît difficile à dater puisque les premières photographies ont disparu.
Les dates semblent cependant tendre vers 1816 pour sa création et 1827 pour son application réelle. En 1893, le kinétos-
cope envahit les foires, à travers un petit trou, le spectateur,
seul, paye une petite pièce pour faire tourner une sorte de roue
projetant une image animée, souvent comique ou parfois
quelque peu... cochonne. Cette invention est en quelque sorte
l'ancêtre du GIF !

Les débuts du cinématographe

Grâce à une invention remarquable, proche de la machine à
coudre, qu'ils nommeront cinématographe, les frères Lumière
parviennent à capturer le réel puis à projeter des images animées à la vitesse de 16 images par seconde ! Ils organisent
les premières projections cinématographiques publiques de
films le 28 décembre 1895. En 1896, les frères Lumière entre-
prennent une tournée promotionnelle, afin de faire connaître
leur invention. Pendant cette période, ils autorisent plusieurs
personnes et entreprises à utiliser cette même technologie
grâce à un système de licences d'utilisation de l'appareil. Cependant, jusqu'en 1903, le cinéma n'était encore qu'une attraction. Il s'agissait seulement des expérimentations des frères
Lumière, avec des prises de vues telles que L'Arrivée d'un train
en gare de La Ciotat. Il est difficile à ce moment-là de parler de
narration ou même de procédés cinématographiques. Cet outil
permettra toutefois de belles avancées dans l'étude de mouvements que l'œil seul ne peut pas analyser ou percevoir.
Nous pensons notamment au travail du physiologiste Étienne-
Jules Marey sur le mouvement animal grâce à la chronopho-
tographie, ou encore au travail de Eadweard Muybridge, pseu-
donyme de Edward James Muggeridge, sur la décomposition
photographique du mouvement, qu'il nommera par ailleurs «
description de la locomotion animale ». Pour l'anecdote, son
travail permettra une avancée certaine dans la représentation

du mouvement complexe de course des chevaux par les peintres, mal représenté jusqu'alors. Les premières tentatives de son avec image apparaissent grâce aux travaux de Demenÿ sur le Phonoscope. Nous sommes en 1892, la convergence du son et de l'image avance. Anecdote amusante, Demenÿ enregistrera le premier « Je vous aime » face à la caméra sur disque en verre. N'oubliez pas que le « son » existe déjà depuis les débuts des images animées. Joué durant la projection par des acteurs et un orchestre, la musique du film était bien jouée en direct. C'est la capture sur bande et sa rediffusion synchronisée qui fait un pas en avant.

Naissance du cinéma muet : à la recherche du langage

Le premier film à succès, Le Voyage dans la lune, a été créé par Georges Méliès en 1902. Le langage cinématographique se construit comme un art narratif. Le truquage, le montage, l'histoire et les acteurs font leurs apparitions. Puisque le son n'est pas encore d'actualité, Méliès met en place un système de cartons pour narrer son histoire.

Cinéma burlesque et propagande soviétique

Le premier genre cinématographique, le burlesque, a été développé en 1908 lorsque le cinéma a été reconnu comme une forme d'art, grâce notamment à des acteurs tels qu'André Deed et Max Linder. Le langage du cinéma se construit peu à peu, notamment grâce à D. W. Griffith entre 1908 et 1913.

Toutefois, si le cinéma se développe en copiant la narration du théâtre aux États-Unis et en France, il connaîtra une autre utilisation côté soviétique. À partir de 1917, après la révolution d'Octobre, en raison de la nouvelle grammaire cinématographique élaborée par les cinéastes soviétiques, dont Dziga Vertov et Sergueï Eisenstein, l'objectif des cinéastes soviétiques est d'utiliser cet art encore avant-gardiste au service de la propagande communiste.

Il faut diffuser au plus grand nombre la magnificence du régime soviétique. Le langage cinématographique devient expérimental et le montage vecteur d'une énergie nouvelle.

Impressionnisme et expressionnisme sur grand écran

Simultanément, deux autres orientations d'avant-garde prenaient forme, l'impressionnisme en France et l'expressionnisme en Allemagne. La première a débuté en 1916, mais a pris de l'ampleur en 1921 et s'est poursuivie jusqu'à la fin des années 1920. Le second mouvement prend son envol en 1919 avec Le Cabinet du docteur *Caligari* de Robert Wiene.

L'expressionnisme allemand met en avant le mal-être par une utilisation originale des décors et un ton fantastique qui témoigne du malaise de l'époque.

Le cinéma comique : de Buster Keaton à Chaplin

L'histoire a surtout retenu Charlie Chaplin comme réalisateur et surtout acteur comique de légende. Figure emblématique du burlesque américain, il émerge lui aussi durant cette décennie. Il a cependant été précédé par un autre monument du cinéma muet, l'acteur américain Buster Keaton, qui a joué des rôles qui l'ont rendu immortel pour le public américain. Nous pensons spontanément à son premier rôle dans Le *Mécano de la Générale*, un film dans lequel il joue ce héros que nous n'attendons pas, frêle conducteur de train qui va faire basculer la guerre, grâce à ses ruses et aussi... grâce au hasard !

Buster Keaton, c'est presque une centaine de films au total. C'était une des premières légendes hollywoodiennes, une star du cinéma muet. Après son immense succès auprès de ses contemporains, il inspire les plus grands, à commencer par Charlie Chaplin qui lui offrira la vedette bien plus tard en 1952, dans Les Feux de la rampe.

A posteriori, des précurseurs du cinéma muet, intéressons-nous à l'essor de cette première forme du septième art dans le monde entier. Grâce au cinéma muet, l'Amérique tombe amoureuse des films et Hollywood naît. Mais de grands réalisateurs voient aussi le jour en France et en Europe. La *Passion de Jeanne d'Arc* de Dreyer est, par exemple, un petit bijou d'audace. Jamais les visages n'avaient été si bien filmés.

La carrière de Charlie Chaplin

Ce dernier a tourné plusieurs films à succès avec la compagnie américaine d'Adolph Zukor avant de rejoindre First National Pictures en 1918. À la suite de Le Kid (1921) où il joue le rôle d'un jeune père, Chaplin réalise Le Pèlerin (1923) en extérieur dans le Massachusetts et le Maine, qui devient son premier film sans dialogue.

Il a également joué deux personnages simultanément, l'inepte Alonzo Hawk et son rival John Sliver, tous deux essayant de faire la cour à Edna Purviance. La présence à l'écran du célèbre vagabond était parfaite pour le rôle d'un gentleman voleur ou d'un politicien opportuniste. Au cours de cette période (1918-1923), il réalise par ailleurs Une vie de chien (1918), Charlot Soldat (1918), The Bond (1918), Jour de paye (1922).

Hollywood : la naissance des studios mythiques du cinéma américain

Les premiers grands studios de Hollywood, comme CBC Film Sales Corporation, qui deviendra Columbia Pictures, ouvrent leurs portes en 1918. L'année suivante, Columbia prend en charge la production de films, ce qui donne naissance à la grande industrie cinématographique américaine telle que nous la connaissons aujourd'hui, avec ses beaux décors clinquants et ses films extravagants. Un autre studio, Universal Pictures, est lancé en 1912 par Carl Laemmle. Il créa un style proche de celui du burlesque avec des effets spectaculaires et des figures mythiques comme le monstre de Frankenstein ou Dracula. Il réussit ainsi à créer un nouveau genre d'horreur dans une tradition américaine qui avait déjà vu les œuvres d'Edgar Poe adaptées sur grand écran.

Le cinéma parlant

Le premier film parlant, Le Chanteur de jazz, sort en 1927. Le passage au cinéma sonore ne se fait pas sans difficultés. De nombreux grands noms du septième art voient leur carrière décliner parce qu'ils n'ont pas su s'adapter. L'apparition du son entraîne la fin du cinéma muet, qui disparaît définitivement dans les années 1930. Rares sont les acteurs qui ont réussi cette transition.

En effet, le poids des mimiques et de la gestuelle a considérablement diminué pour tendre vers un jeu plus naturel où la voix et les intonations ont désormais une importance considérable. Charlie Chaplin en est le meilleur exemple. La naissance des films parlants a inauguré un nouveau type de cinéma français, connu sous le nom de réalisme poétique. L'âge d'or du cinéma français est marqué par les œuvres de Jean Renoir avec la présence de Jean Gabin.

Le cinéma américain prend une ampleur mondiale

Dans le même temps, le réseau de distribution américain continue de se développer, pour finalement constituer une partie considérable de l'industrie cinématographique mondiale. Ainsi, tout ce qui est produit à Hollywood parvient inévitablement en Europe dès les années 1930. Le public français connaît aussi bien les stars américaines que les acteurs français.

Les États-Unis ont compris le poids économique que pouvait représenter l'industrie du cinéma, en même temps que l'atout culturel, le « soft power » que cet art pouvait représenter pour diffuser leur art de vivre et leur mode de pensée.

Le développement inédit du cinéma italien

Peu avant la Seconde Guerre mondiale, l'Italie s'est fait une place dans l'univers encore très fermé des pays producteurs de cinéma grâce au dictateur Mussolini qui a fait construire les studios de Cinecittà sous son régime. Néanmoins, il n'a pas pu totalement maîtriser et contrôler cet art naissant. En effet, la censure de Mussolini a été défiée par plusieurs réalisateurs et le néoréalisme italien est né avec *Les Amants diaboliques* de Luchino Visconti en 1942.

D'autres réalisateurs, tels que Vittorio De Sica et Roberto Rossellini, contribuent à l'essor du cinéma italien durant cette période. Le cinéma mondial connaît un boom après la Seconde Guerre mondiale. Le nombre de salles continue de croître et la télévision n'est pas encore apparue.

De nouveaux mouvements émergent, notamment en France. Quant à Hollywood, le symbole de la culture américaine continue de se développer avec toujours davantage de productions.

Le cinéma français d'après-guerre

La fin de la Seconde Guerre mondiale voit la réouverture des salles de cinéma et des sociétés de production qui avaient été fermées pendant la guerre. Un nouveau type de cinéma émerge après les bouleversements provoqués par les changements sociaux tels que la décolonisation, la déchristianisation… Ce nouveau type de cinéma s'appelle le « cinéma-vérité ». Il s'agit de montrer sur pellicule la vie quotidienne des gens.

La Nouvelle Vague

La Nouvelle Vague est un mouvement du cinéma français qui a débuté au début des années 1950 et qui a duré jusqu'à la fin des années 1960. Les Quatre Cents Coups (1959) de François Truffaut et À bout de souffle (1960) de Jean-Luc Godard, sont deux films emblématiques qui illustrent parfaitement ce mouvement. Tous deux sont devenus le point de départ de nombreux réalisateurs français et ont démontré que le cinéma de studio classique n'était pas l'unique voie à suivre. La Nouvelle Vague est souvent accompagnée d'un certain climat, les manifestations étudiantes, les événements de mai 1968 et la guerre du Viêt Nam sont autant d'ingrédients qui ont contribué à ce nouveau mouvement cinématographique.

Nouvel âge d'or pour Hollywood

Dans les années 70, le cinéma américain entre dans une nouvelle phase. Les grands studios commencent à sortir moins de films qu'auparavant, mais les moyens de production augmentent considérablement. Quant à Hollywood, ce n'est plus son âge d'or, mais il fait toujours rêver : il s'installe dans les banlieues dans lesquelles sont construites les « usines à rêves ».

Puis, au cours des années 1980, les productions indépendantes prennent progressivement le relais pour des raisons économiques et politiques, et le cinéma populaire devient un cinéma grand public. Des films comme Terminator (James Cameron), Retour vers le futur (Robert Zemeckis) ou Indiana Jones et les Aventuriers de l'arche perdue (Steven Spielberg) représentent ce nouveau type de cinéma.

Cette évolution s'accompagne également d'une explosion de la cinématographie américaine en dehors de l'Amérique. En France par exemple, mais aussi dans toute l'Europe. Avec l'effondrement de l'URSS, et donc avec un énorme marché à conquérir et à se réapproprier, Hollywood n'allait pas laisser passer cette opportunité. « Le cinéma est un art ; et par ailleurs, c'est aussi une industrie », disait André Malraux, célèbre écrivain et ancien ministre de la Culture français.

Le cinéma et la 3D

L'arrivée de la 3D au cinéma s'est accompagnée de nombreuses promesses... émerveillement, magie, authenticité. Mais, de plus en plus, cette technologie semble synonyme de confusion, nausée et ennui. Aujourd'hui, nous ne parlons plus vraiment, si ce n'est pour s'en moquer. Car si les films en 3D se font encore (Gravity par exemple), ils sont souvent poussés dans la marginalité ou déviés de leur but initial. Par exemple, le gros blockbuster qu'a été Jurassic World a totalement dévié de la lignée de ses deux prédécesseurs, tous deux tournés en 2D.

Dans un premier temps, les films en 3D paraissaient signer un nouvel âge d'or du cinéma. Avatar avait fait sensation lorsque James Cameron l'avait dévoilé au grand public. Ce film avait même signé des records d'audience au box-office. Néanmoins, déjà à ce moment, les critiques fusaient à propos du manque de scénario. En effet, les images et leur côté époustouflant grâce à la technologie 3D avaient tendance à éclipser le fond. C'est d'ailleurs ce qui est reproché en général au cinéma en trois dimensions. En dehors de la promesse du spectaculaire, les films en 3D n'ont pas attiré un grand public depuis leur apogée fin 2011. Les obstacles technologiques sont nombreux, ce qui explique les limites de cette innovation. Il faut des lunettes spéciales pour visionner ce genre de films au cinéma et le prix de l'entrée est plus élevé par rapport aux films traditionnels. Ensuite, il est presque impossible de revoir ce film après sa sortie en salle, car les télévisions 3D n'ont rencontré aucun succès auprès du grand public.

Nous avons donc vu, dans ce chapitre artistique, l'histoire du cinéma, mais aussi celle de la musique. Vous êtes désormais prêt à parler de ces deux sujets avec la personne de votre choix !

Chapitre 9

Mini quiz de culture générale

Questions

1. **Combien de pattes peut avoir au maximum le mille-pattes ?**

- 750

- 115

- 950

- 1 350

2. **Quel bâtiment de Rome est habité par des centaines de chats ?**

- Le Panthéon

- Le Vatican

- Le Colisée

3. **Quelle est la somme de deux faces opposées sur un dé à jouer ?**

- 7

- 9

- Cela dépend des faces

4. Pourquoi y a-t-il un trou sur les bouchons des stylos BIC ?

● Pour que l'encre ne sèche pas

● Par mesure de sécurité

● Pour faire des économies de plastique

5. Quel est le nom des trois Rois mages ?

6. Comment appelle-t-on la lumière qui se rapproche le plus de la lumière du soleil ?

7. Comment s'appelait la chienne embarquée à bord de Spoutnik 2 ?

● Laïka

● Aghas

8. Quelle est la capitale de l'Australie ?

● Canberra

● Sydney

● Melbourne

9. Quelle phrase célèbre a dit Neil Armstrong dès qu'il a mis le pied sur la Lune ?

10. Dans le monde il y a __ de femmes analphabètes :

- 91 %

- 46 %

- 33 %

11. Au Moyen Âge, on appelait tranchoir :

● Un couteau

● Une tranche de pain

● Une hache

12. À quel continent appartient la Sierra Leone ?

● L'Amérique centrale

● L'Amérique du Sud

● L'Afrique

● L'Asie

13. Comment appelle-t-on un sol fertile très riche en humus ?

● La latérite

● La terre noire

● L'erg

14. Qu'est-ce qu'une mangrove ?

● Un animal terrestre

- Un poisson des mers chaudes

- Une formation arborescente dans les lagunes

15. **Le croisement de l'ânesse et de l'étalon donne le mulet : vrai ou faux ?**

16. **Le cachemire est :**

- Une région de l'Inde

- Une sorte de laine

- Un pull

17. **Quel est le plus long fleuve du monde ?**

18. **Sur quel continent se trouve l'État de Palestine ?**

19. **Quelle est la plus grande ville du continent européen ?**

20. **Quelle est la ville de l'amour et de la beauté ?**

21. **Combien de pays arabes y a-t-il sur le continent africain ?**

22. **Quelle est la pierre précieuse la plus solide ?**

23. **Sur quel continent se trouve le fleuve Amazone ?**

24. **Quel pays est surnommé le pays des lapins ?**

25. **Quelle est la plus haute montagne du continent africain ?**

26. De combien de muscles est composé le corps humain ?

27. Combien de dents un humain adulte possède-t-il ?

28. Où se trouve la tour Eiffel ?

29. Quel est le métal le plus cher ?

30. Quel est le métal le plus léger ?

31. Quel gaz est utilisé pour éteindre le feu ?

32. Quelle est la plus grande créature du monde ?

33. Quel est l'animal le plus intelligent au monde ?

34. Quelle est la créature marine la plus rapide du monde ?

35. Quel est l'animal dont les bras repoussent s'ils sont coupés ?

36. Quel animal peut être infecté par la variole comme une personne ?

Réponses

1. 750.

2. Le Colisée.

3. 7.

4. Par mesure de sécurité, pour ne pas s'étouffer si le bouchon reste coincé dans la gorge.

5. **Balthazar, Gaspard et Melchior.**

6. **La lumière blanche.**

7. **Laïka.**

8. **Canberra.**

9. **Un petit pas pour l'homme, un grand pas pour l'humanité.**

10. **46 %.**

11. **Une tranche de pain sur laquelle on posait la viande et la sauce.**

12. **L'Afrique.**

13. **La terre noire.**

14. **Une formation arborescente dans les lagunes.**

15. **Faux, c'est le bardot. Le mulet est le croisement de l'âne et de la jument.**

16. **Les trois réponses sont justes.**

17. **Le Nil.**

18. **En Asie.**

19. **Londres.**

20. **Paris.**

21. **Neuf pays.**

22. **Le diamant.**

23. **En Amérique du Sud.**

24. **L'Espagne.**

25. **Le Mont Kilimandjaro.**

26. **Le corps humain comporte 620 muscles.**

27. **Il possède 32 dents.**

28. **À Paris.**

29. **Le radium.**

30. **Le lithium.**

31. **Le gaz carbonique.**

32. **La baleine bleue.**

33. **Le poulpe.**

34. **Le thon.**

35. **L'étoile de mer.**

36. **Le singe.**

Conclusion

Nous voici arrivés à la fin de ce livre. Je peux vous garantir à coup sûr que celui-ci vous a rendu plus cultivé et a même éveillé chez vous un intérêt pour des sujets dont vous ignoriez encore tout jusqu'à il y a peu. Le but, en achetant ce livre, était de pouvoir briller en société lors de vos repas professionnels, de vos réunions ou tout simplement pendant une conversation avec vos beaux-parents. Vous n'êtes certes pas tenu de tout savoir, mais le simple fait de vous y intéresser montre déjà une grande forme d'intelligence. Et si vous êtes arrivé à la fin de ce livre, je n'ai pas de peine à croire que ce soir vous dormirez avec des souvenirs plein la tête.

Cependant, n'oubliez pas une règle des plus importantes de la vie... Allez vous coucher plein de certitudes et réveillez-vous plein de doutes. C'est comme cela que vous continuerez à vous questionner, que vous ne prendrez pas tout pour acquis et que vous garderez un œil averti sur le monde.

À bientôt !

Printed by Amazon Italia Logistica S.r.l.
Torrazza Piemonte (TO), Italy

39711858R00080